EVASIONS

SVBTERFVGES DES IANSENISTES,

CONTRE LA SENTENCE RENDVE
par le Saint Siege.

Du Latin du R. P. François Annat de la
Compagnie de IESVS.

A PARIS,

Chez SEBASTIEN CRAMOISY, Impri-
meur ordinaire du Roy & de la Reyne.
Et GABRIEL CRAMOISY, ruë S. Iac-
ques, aux Cicognes.

M. DC. LIV.
Auec Priuilege du Roy.

AV REVEREND

Pere François Annat Prouincial de la Compagnie de Iᴇsᴠs,
en la Prouince de France.

MOn Reuerend Pere.

*Comme ie pensois à me declarer
sur la celebre dispute du temps, la
Bulle de sa Sainteté m'osta la plume de la main ; & me fist croire
que ma raison seroit inutile, où ie
voyois vne autorité si precise, & si
manifeste. Ce grand Decret arresta
mon dessein, dans cette veüe, qu'il
arresteroit les plus remuans Esprits : mais comme ie reconnus que
cette salutaire medecine, au lieu de*

EPISTRE.

guerir les Malades, les irritoit; ie
ne me tins pas dispensé de l'office,
que i'auois fait esperer à quelques-
vns de mes Amis. D'ailleurs ap-
prenant de bonne part que la crainte retenoit plustost les Iansenistes,
que l'humilité ne les soumettoit; &
qu'ils respectoient bien moins les
foudres de Rome, qu'ils n'appre-
hendoient les chastimens de Paris:
ie me resolus de faire voir, que
tout ce qu'on alleguoit contre la Constitution du Saint Siege n'estoit
qu'vn adoucissement, que nos Aduersaires cherchoient à leur douleur,
& vn prestige, dont ils taschoient
de surprendre l'ignorance des Simples. Ie repris donc ma premiere
pensée, & ie voulus montrer, combien il estoit iuste de se rendre aux
Decisions du Pape, combien ridicule & dangereux d'y resister. Ie pre-

nois la plume M. R. P. quand voſtre dernier ouurage me vint entre
les mains, & me perſuada que ie
n'auois plus rien à dire, ſi ie ne vou-
lois redire ce que vous auiez deſia
eſcrit. A n'en point mentir il y a
peu de loüange d'eſtre l'Echo d'vne
voix, quelque belle qu'elle ſoit ; mais
il y a du merite, quand on conſide-
re moins ſa reputation, que l'inte-
reſt du Prochain. C'eſt ce qui m'a reſolu ſans peine de renoncer à la gloire d'inuenter, & de me tenir à celle
de traduire. Voſtre Libraire n'a pas
cru vous manquer de fidelité, s'il
me communiquoit vos fueilles à la
ſortie de ſa preſſe ; & i'ay penſé que
vous approuueriez mon zele, ſi ie
taſchois de rendre intelligible à tout
le Monde, ce que vous n'auez dit
qu'aux Sçauans. Et à parler fran-
chement, vous deſcouurez auec tant

ã iiij

EPISTRE.

de netteté l'intention du Souuerain
Pontife, qu'il n'y aura plus perſonne, qui ne penetre la foibleſſe des
euaſions & des fuites de ceux, qui
publient que ſa Bulle n'en veut qu'à
Molina, & qu'elle reſpecte fort Ianſenius & ſes Sectaires. Pour moy
ie demeure dans la ſimplicité de ne
croire, que ce que les termes de ce
Reſcrit ſignifient ſans gloſe, ſans conſequences, ſans ſubtilitez ; gloſe ridicule, conſequences foibles & ſubtilitez ruineuſes, qui deſtruiſent la
plus ſolide foy, ſi on leur donne quelque credit. Qu'ils cherchent ailleurs
que parmy nous ces Subtils, qui
voyent ce qui nous eſt inuiſible ;
qu'ils diſent que la faction des Ieſuites a ſubrepticement obtenu cette
Cenſure, qui pourtant (ſi on les croit)
n'eſt que contr'eux. Ie ſuis aſſeuré,
mon Reuerend Pere, que vous

permettrez qu'ils vomiſſent leur ve-
nin, pourueu qu'ils s'en deſchargent;
qu'ils crient à pleine teſte (ce qui
n'augmente pas peu la honte de leur
défaite) qu'il n'y a ny ſuffiſance, ny
probité parmy vous. Ils ne perſua-
deront en France, que ceux qui vous
tiennent Pelletiers en Canadas; &
qui veulent en deſpit de leur raiſon,
croire leur haine & leur enuie. Qu'ils
nous permettent d'errer auec nos An-
ceſtres, & de croire que les Ieſuites ſont gens de bien & habiles : nous
ſçauons à la verité & nous recon-
noiſſons qu'ils ne ſont pas les ſeuls
Peres de l'Egliſe; mais nous ſçauons
auſſi, que graces à Dieu, ils n'en
ſont pas les Freres Ignorans. Qu'on
rebatte iuſques à nous ennuyer, que
ceux de cette Compagnie ſont les
grands Corſaires de la gloire; qu'ils
n'en veulent que pour eux, & que

EPISTRE.

leurs plus solides ouurages ne sont
bastis que de leurs trophées. Cela ne
nous empeschera pas de dire , que
dans cette fameuse contestation, qui
s'est renouuellée de nos iours , ils
n'ayent plus conseruè de modestie &
de respect, que la violence des A-
gresseurs n'en meritoit ; & que s'ils
ont quelquefois reparti auec aigreur,
que cela n'est arriué, que quand la
douceur pouuoit preiudicier à la iustice de la bonne cause, ou à l'innocence
de leurs personnes. Cela ne fera pas
que toute la France n'ait admiré,
que cette illustre Societé ayant plus
contribué à la confusion des Iansenistes, qu'aucun Ordre de l'Eglise,
elle a receu la Bulle du Saint Pere,
auec vne retenuë, qui a donné de
l'edification à tout Paris. De moy
qui ay l'honneur de connoistre les
Iesuites assez particulierement , &

EPISTRE.

de les conuerser familierement, ie
proteste que i'ay esté surpris de les
ouyr parler sur ce sujet, auec toute la moderation qu'on pourroit
attendre de l'indifference, & mesme
que dans cette rencontre ils ont fa-
uorablement iugé de leurs Aduersaires. Ils ont cru qu'apres vne declaration si nette de Rome, il ne re-
stoit plus qu'à prier Dieu pour leur
conuersion, & à luy demander autant de soumission pour la volonté,
qu'ils ont de lumieres pour l'enten-
dement. Ie suis tesmoin de cette modestie M. R. P. & ie puis protester
auec verité, que si vostre Compagnie a combattu les Rebelles auec zele, qu'elle a respecté les Vaincus a-
uec vne douceur, qui a supprimé les
moindres paroles d'insult & de rail-
lerie. Il y auoit pourtant quelque
sujet de gausser ces Capables, qui

EPISTRE.

auoient tant de fois triomphé sur
le papier, renuoyant vos Syrmonds
& vos Petaus à l'Escole, & qui
auoient fait terrasser vos plus fa-
meux Geans à leurs petits Nains.
Quoy que tout l'auantage soit de
vostre costé, ce n'est pas de vos
Peres qu'on a sçeu, qu'ils estoient
Vaincueurs ; ils ont refusé ces super-
bes chariots, qui seruent autant à
publier l'infortune des Miserables,
qu'à montrer la gloire des Conque-
rans ; ils n'ont pas mesme voulu
triompher à pied. Ils se sont con-
tentez en sauuant leurs Ennemis
mesme, de donner vn Sauueur à
tout le Monde. Rien n'est capable
de rebutter leur charité ; qu'on rap-
pelle tant qu'on voudra les ancien-
nes iniures d'Aurelius ; qu'on fasse
de nouuelles Enluminures sur tous
les Almanachs, ils y prendront aus-

EPISTRE.

si peu de part, qu'à celuy de Gagnie-
re. Ils ont des consolations plus so-
lides, que celles qu'on leur fait ti-
rer d'vne inuention si burlesque :
qu'on les attaque serieusement, ils
se defendront ; qu'on se montre, ils
se presenteront. Mais qu'on n'atten-
de pas qu'on s'amuse desormais à
combattre des Phantosmes & des
Lutins, qui n'osent paroistre que
la nuict & parmy les tenebres. Ie
vous engage insensiblement au com-
bat M. R. P. mais quoy que ie n'aye
pas vostre parole, i'ose la donner
à ceux qui voudront la lice ; pour-
ueu qu'on ne parle plus des Cinq
Propositions, & que vos Aduer-
saires se tiennent bien battus pour
ce point. Quand vous auez tenu la
seconde place dans vostre Compa-
gnie, & que vous l'auez gouuer-
née à Rome, en qualité d'Assistant,

EPISTRE.

vous n'auez pas abandonné la Cause publique, & vous l'auez souste-
nuë auec tant de succez, que vous
estes encore sans response. Quoy que
la France vous occupe maintenant
aux plus nobles emplois, dont elle
puisse honorer vn extraordinaire
merite, ie suis certain que vous aurez
assez de loisir, & de bon-heur pour
confondre l'opiniastreté, & pour ra-
mener les Errans parmy nous. Et
vous le ferez auec vne telle moderation, que l'entiere victoire de vos
Ennemis ne sera pas moins vn effet de vostre incroyable douceur,
que de vostre inuincible force. C'est
cette belle disposition des hommes
veritablement & Chrestiennement
heroïques, qui me donne toute la
veneration, qu'on peut auoir de
vostre vertu, & qui m'oblige de

EPISTRE.

vous demander auec mes plus sou-
mises prieres la qualité de,

Mon Reuerend Pere.

Tres-humble, tres-obeissant &
tres affectionné seruiteur
DE CERIZIERS.

EVASIONS

OV

SVBTERFVGES

DES

IANSENISTES

CONTRE LA SENTENCE

renduë par le Saint Siege.

'ERREVR de Ianfenius a efté depuis peu frappée par la Conftitution du Siege Apoftolique, mais elle n'eft pas encore tout à fait deftruite : fes Partifans aimans mieux diffimuler leurs playes, que de guerir. Et quoy qu'ils puffent rendre cette cenfure innocente en changeant d'opinion; ils choififfent pluftoft de paroiftre fains, que de les deuenir. Car non feulement ils veulent que ce foudre ait refpecté leur Doctrine; mais ils ont bien la hardieffe de publier, qu'elle en eft au moins tacitement approuuée. Il s'eft

A

meſme trouué parmy eux vn certain Iuriſconſulte (ſi ie ne me trompe) qui ſouſtient appuyé du Code & des Digeſtes, que la ſeule opinion des Ieſuites eſt condamnée par ce Decret d Innocent dixieſme. Certainement il ne ſeroit pas neceſſaire de reietter ces ſubterfuges , ni d'en deſcouurir la foibleſſe ; ſi nous n'auions intention que de contenter les Sages. Puis qu'il leur eſt aiſé de voir , que ces euaſions ne ſont que les artifices d'vn eſprit bleſſé , & qui a de la peine à ſe ſoũmettre. Mais il faut preparer vn remede aux Imprudens & aux Simples, & prendre garde qu'vne erreur ſi delicate & ſi opiniaſtre ne ſurprenne les Ignorans. Et par ce qu'ils cherchent principalement leurs fuites & leurs tenebres dans la diſtinction de ces trois Colomnes, qu'ils diſent auoir preſentées au Souuerain Pontife, il faut examiner en peu de mots, quelle protection les Ianſeniſtes en doiuent attendre ; ce qui ſe fera par l'eclairciſſement des Queſtions ſuiuantes : Sçauoir.

1. *Si les cinq Propoſitions ont eſté dreſſées par les Docteurs de Sorbonne , ou extraittes de Ianſenius.*

2. *En quel ſens les Propoſitions de Ianſenius ont eſté condamnées.*

3. *Ce que ſignifie l'exception , par laquelle le Souuerain Pontife a declaré , que ce n'eſtoit pas ſon intention de condamner la Doctrine de S. Auguſtin , ni de toucher la controuerſe de la*

grace efficace par elle mesme.

4. Ce que quelques autres coniectures des Ianfeniftes prouuent touchant l'intention de noftre faint Pere.

5. Si les cinq Propofitions font condamnées feulement en general.

6. Si l'on a gardé l'ordre naturel de recourir au faint Siege, auant que d'affembler le Concile des Euefques de France.

7. Examen de la troifiefme colomne des Propofitions des Ianfeniftes.

8. Vraye difpofition des Colomnes, pour reprefenter la Doctrine des Ianfeniftes, & pour bien entendre la force de la Cenfure Apoftolique.

Si les cinq Propofitions ont efté dreffées par les Docteurs de Sorbonne ou extraittes de Ianfenius.

CHAPITRE PREMIER.

C'Eft la couftume des Ianfeniftes de diffimuler les chofes qu'on a cent fois dites : & de rebattre celles, qui ont efté cent fois contredites & ruinées. Plufieurs ont defia fait voir, que les principaux Dogmes de Ianfenius touchant le franc arbitre l'efficace & l'abondance de la grace diuine, & pour ainfi dire, que toute la moüelle de fa Doctri-

ne eſtoit compriſe dans la cenſure des cinq
Propoſitions. Ils ne laiſſent pas pourtant
d'appeller ces propoſitions *fabriquées* & ſup-
poſées par les Docteurs de Sorbonne, qui les
ont tirées de Ianſenius ; en quoy ils remarquent l'artifice d'vn des Partiſans de Molina
(pour parler comme eux) qui les a conceuës
& propoſées à la cenſure ſous des termes am-
bigus, equiuoques & captieux. Ils n'exce-
ptent que la premiere propoſition, qu'ils ne
ſçauroient nier eſtre dans Ianſenius en meſmes mots ; mais ils ſe plaignent qu'elle a eſté
malicieuſement arrachée de ſa place. En quoy
certes ils me ſemblent dignes de riſée ; car que
pretendent-ils, quand ils diſent qu'elle a eſté
malicieuſement arrachée de ſa place, ſinon
qu'il falloit produire le volume entier à l'examen ? bien que pour lors il euſt eſté meſme neceſſaire de trier toutes les propoſitions, qui
ſont en diſpute. Et pour ce qu'ils aiouſtent,
que cela s'eſt fait *malicieuſement*, nous leur ac-
corderons lors qu'ils auront montré, que le
ſens de la propoſition, qui eſt tirée du liure eſt
different de celuy qui ſe trouue dans le texte.
Cependant receuons ce qu'on nous donne, &
diſons que la premiere propoſition qui eſt de-
clarée par le ſaint Siege : *Temeraire, impie,*
blaſphematoire, frappée d'anatheme, heretique, &
comme telle condamnée, eſt de Ianſenius ; puis
qu'elle eſt exprimée, eſtablie, prouuée &
defenduë dans ſon Ouurage. Que s'ils aſſeu-
rent qu'elle a vn bon ſens chez cet Auteur,

ce fera à leur fageffe qui n'eft pas mediocre, de
Iuger, s'il eft bienfeant à vn Euefque Catholique d'exprimer vn bon fens par vne propofition *blafphematoire, impie, frappée d'anatheme
& heretique.* Mais ie veux faire voir, que les
autres propofitions n'ont point d'autre Architecte que le mefme Ianfenius. Confiderons
celle cy qui eft la troifiefme. *Pour meriter &*
demeriter dans l'efta de la Nature corrompuë, il
ne faut pas dans l'homme vne liberté exempte de
neceffité, il fuffit qu'elle foit fans contrainte. Cette propofition difent-ils eft fabriquée & pre-
fentée par vn Sectateur des Moliniftes : c'eft
donc Ianfenius qui eft Partifan de Molina.
Et premierement qu'il parle de la liberté du
libre arbitre, neceffaire à meriter & demeriter, & de l'eftat de la Nature corrompuë, les
Ianfeniftes mefmes en tombent d'accord auec
nous. Cela fuppofé il ne nous refte que de
comparer la propofition condamnée auec les
Ianfeniftes.

Troifiefme Propofi- tion condamnée.	Propofition de Ian- fenius *Tom. 3. l.* 7. *chap.* 5.
Pour meriter & deme- riter dans l'eftat de la Nature corrompuë, il ne faut pas dans l'homme vne liberté exempte de neceffité ; il fuffit qu'elle	Pour donc com- prendre la natu- re de la diuifion, il faut fe fouueuir, de ce que nous auons fi amplement rappor-

A iij

ſoit ſans contrainte.

té d'Auguſtin, Bernard & des autres tant Peres que Scholaſtiques, ſçauoir que la liberté du franc arbitre generale & naturelle n'eſt autre que celle qui eſt exempte de la neceſſité, par laquelle il eſt euident qu'ils n'ont entendu que la ſeule contrainte. D'où il eſt certain que chez eux, l'aᶜte libre eſt le meſme que celuy qui n'eſt pas forcé *Et en vn autre endroit du meſme liure ſeptieſme.* Que ſi ces choſes ſont vrayes, comme elles le ſont ſelon les principes de noſtre tres-ſaint Docteur, on ne pourra plus douter de ſon intention, qui eſt de croire & de conſtamment enſeigner ; que *la ſeule neceſſié de contrainte,* qui fait ce qu'elle peut, quoy que nous ne le veillions pas, eſt contraire à la liberté du franc arbitre ; & que tout aᶜte Volontaire ou Spontanée eſt libre.

Qui dit. que *la ſeule neceſſié de contrainte* eſt contraire à la liberté, que dit-il de plus ou de moins, que celuy qui aſſeure, qu'il ſuffit à la liberté, qu'elle ſoit libre de contrainte ou de coaᶜtion ? Et qui dit. que tout aᶜte Volontaire ou Spontanée *eſt dés là libre* ; & que l'aᶜte libre eſt le meſme que *le non contraint* ; que dit-il de plus ou de moins, que celuy qui aſſeure, qu'il ne faut point d'autre liberté pour l'aᶜte libre, que celle qui eſt exempte de la neceſſité de contrainte ; & qu'il ſuffit pour qu'vn aᶜte ſoit libre qu'il ne ſoit pas contraint ? Donc tout ce qui eſt en diſpute dans cette troifiefme propofition & ce qui eft expofé à la cenfure; fçauoir qu'il ne faut point de liberté exempte d'autre neceffité pour le merite, que celle qui eft franche de contrainte; & qu'il fuffit pour que l'acte foit libre, qu'il ne foit pas forcé; quoy qu'il procede de quelque autre neceffité : eft nettement chez Ianfenius. Le mefme declare la mefme chofe plus expreffement, au liure fixiefme chapitre trantehuictiefme, où il nie que *l'immuable neceffité* empefche la liberté, fi ce n'eft *la feule neceffité de coaction & de violence*, & que *nulle neceffité d'immutabilité, d'ineuitabilité ou de quelque autre nom que vous l'appelliez, ne luy repugne, que la feule neceffité de contrainte.* De plus, *Qu'il eft impoffible, que toute volonté* (c'eft à dire volition) *ne foit entierement libre, & que la feule necefité de coaction luy eft contraire.* Que fi quelqu'vn confidere cecy plus attentiuement, il fera contraint d'auoüer, que ce qui eft notté dans la troifiefme propofition expofée à la cenfure, eft plus diftinctement & plus au long exprimé dans Ianfenius, qu'il ne l'eft dans la propofition mefme. De plus que celuy qui l'a conceüe, n'a exprimé qu'en vne maniere, ce qui l'a efté en plufieurs par Ianfenius; & qu'il eft impoffible qu'aucune cenfure frappe cette propofition, qui ne frappe celles de Ianfenius. Il nous refte de conferer la cinquiefme condannée auec celle de Ianfenius.

A iiij

CINQVIESME proposition condamnée.

PROPOSITION de Ianfenius. *Tom. 3. l. 3. chap. 21.*

C'eſt vne erreur des Semipelagiens de dire, que I. Chriſt ſoit mort pour tous les hommes, ou qu'il ait reſpandu ſon ſang pour tous.

Car ſelon la doctrine des Anciens le Sauueur n'a pas ſouffert, n'eſt pas mort, ou n'a pas ſi generalement reſpandu ſon ſang pour tous. Veu qu'ils enſeignent qu'il faut reietter ce ſentiment comme vne erreur tout à fait eſloignée de la foy Catholique.

Lecteur vous ſemble t'il, que Ianſenius ait aſſez diſtinctement nié, que le Chriſt ſoit mort pour tous les hommes, ou qu'il ait reſpandu ſon ſang pour tous ? Mais peut-eſtre que vous deſirez ſçauoir de qui eſt cette erreur, qu'il dit *eſtre contraire à la foy Catholique.* Cela eſt euident du cõmencement du chapitre, où il aſſeure, que cet argument tiré de l'vniuerſalité de la redemption *a deſia autrefois eſté inculqué iuſques au degouſt par les Pelagiens eſt principalement par les Marſeillois ; & qu'il eſt eſtrange que les Modernes ramaſſent auec tant de ſoin les armes ordinaires des Heretiques.* Et au chapitre precedent, il refute la volonté generale de Dieu de ſauuer tous les hommes ſans exception aucune, parce qu'elle auoit eſté eſtablie, *par les Pelagiens & Semipelagiens Ennemis de la grace, & approuuée par Auguftin feulement lors qu'il eftoit dans l'erreur des Semipelagiens.* Et au chapitre vingt & vniefme il affeure, qu'Auguftin, Profper, Fulgence & l'ancienne Eglife ont reietté cette opinion, comme vne machine dreffée par les Semipelagiens. Donc toute cette propofition : *C'eft vne erreur des Se-mipelagiens de dire , que le Chrift foit mort pour tous les hommes , & qu'il ait refpandu fon fang pour tous,* felon toutes fes paroles & fes moindres parties eft de Ianfenius. Et partant ceux qui la difent fabriquée, n'en doiuent point reconnoiftre d'autre Architecte que Ianfenius. Et en fuite cette propofition qui eft au iugement du Siege Apoftolique *fauffe , temeraire & fcan-daleufe* eft fa propofition. Il eftvrai que le Saint Pere a regardé plus loin, & que pour exprimer plainement l'erreur de Ianfenius il a fuppleé ce qui manquoit dans la propofition aiouftant : *Entenduë dans ce fens, que Iefus-Chrift foit feulement mort pour le falut des Predeftinez, nous la declarons impie, blafphematoire , iniurieufe à la diuine pieté, & heretique ; & comme telle nous la condamnons.* Or il eft aifé de faire voir que cette propofition eft ainfi entenduë par Ian-fenius ; & s'ils fouftiennent que ce qui eft a-ioufté eft fabriqué, que c'eft luy mefme qui en eft l'Ouurier. Oppofons ces deux cho-fes.

E R R E V R   OPINION DE
condamnée,   Ianſenius. *Tom. 3.*
l. 3. chap. 21.

Ieſus-Chriſt eſt ſeule-
ment mort pour le ſalut
des Predeſtinez.

Par ſes conſeils
tres occultement iu-
ſtes & tres-iuſtement
occultes il a predeſti-
né de donner à quelques hommes la foy, la
charité & en elle la perſeuerance iuſques à la
fin ; & ce ſont ceux que nous appellons abſolument Predeſtinez, Eleus & Sauuez: aux autres il a donné la charité ſans la perſeuerance, aux autres la foy ſans la charité, Pour le
premier genre de ces hómes comme pour ſes
vrayes brebis, ſon vrai peuple, & peuple abſo-
lumentà ſauuer, il s’eſt abandonné & liuré.
Pour ceux là il eſt propitiatió, afin d’en effacer
entieremét tous les pechez & les enſeuelir d’vn
eternel oubli : il eſt mort pour viuifier eternellement ceux-là : pour leur deliurance il a prié
ſon pere, *& non pour les autres qui ſe ſeparans de*
la charité meurent dans l’iniquité. Derechef:C’eſt
chóſe vaine & imprudente de prier Dieu, de
rendre nul ou de détourner ce que tu ſçais
deſia eſtre arreſté & reſolu par vn decret immuable : c’eſt pareillement choſe vaine pour
ſauuer de telles gens de ſouffrir d’vne volonté
ſincere & de mourir; vaine pour deliurer ces
perſonnes d’vne perte reſoluë, de preſenter
des vœux à ſon pere, des prieres, ſa mort &

fon fang. De plus : cecy eftant certain & e-
uident dans la doctrine d'Auguftin, il n'eft en
aucune maniere conuenable à fes principes de
croire, que le Seigneur Iefus foit mort, qu'il
ait refpandu fon fang, qu'il fe foit offert pour
redemption qu'il ait prié fon pere pour le falut eternel des Infideles mourans dans leur
infidelité , *ou des Iuftes qui ne perfeuerent pas.*
Il aioufte : Selon le tres-faint Docteur , il n'a
pas plus prié pour leur eternelle deliurance,
que pour celle du Diable. Il continue : Comme
Auguftin n'a pas voulu que la volonté de
Dieu s'eftandift au falut de tous les hommes;
mais de ceux là feulement qui font predeftinez de toutes Nations, de toute langue & de
tout genre d'hommes : de mefme il n'a pas
voulu, que les effects de cette volonté, c'eft à
dire la mort, le fang, la redemption, la pro-
pitiation & la priere du Sauueur allaffent à
tous les hommes, &c.

Il faut que celuy qui ne void pas que le fens
condamné par le Saint Siege eft celuy que Ianfenius a exprimé en plufieurs façons ; foit
aueugle. Car que ce que le Pontife appelle le
falut des Predeftinez foit le falut eternel, il
faudroit auoir perdu le fens pour en douter.
Or Ianfenius reftraint fouuent aux endroits
alleguez la volonté du falut eternel aux feuls
Predeftinez. Donc le fens pour lequel le Saint
Siege declare la cinquiefme propofition ; *im-*
pie, blafphematoire , contumelieufe , derogeante à la
diuine pieté & heretique, eft le fens de Ianfenius.

De tout cecy il eſt euident, que des cinq propoſitions condamnées par le Saint Pere, la
premiere, la troiſieſme & la cinquieſme ſont
veritablement de la façon de Ianſenius, &
qu'elles ont eſté ſeulement preſentées par les
Docteurs de Sorbonne & meſme par les Eueſques de France. Or la ſeconde & la qua-
trieſme ont vne telle liaiſon auec elles, qu'il
ſeroit inutile de vouloir montrer qu'elles ſont
de Ianſenius. Neantmoins afin que perſonne
n'eſtime, qu'il ſoit difficile d'en deſcourir la
conformité ie conſens de les comparer.

SECONDE	PROPOSITION
proposition con- damnée.	de Ianſenius. *Tom. 3.* *l. 2 chap. 11.* où il ap- prouue ce qu'il impu- te à S. Auguſtin.
Dans l'eſtat de la Na- *ture corrompuē on ne re-* *ſiſte iamais à la grace* *interieure.*	Que l'homme ne peut reſiſter à Dieu operant par la grace.

Là meſme : Il y a
long temps qu'Auguſtin a reietté ces penſées
de la grace ; ſçauoir qu'il y en ait vne poten-
tielle, auec laquelle l'homme croye, ſe con-
uertiſſe & opere s'il veut ; & s'il ne veut pas,
qu'il ne ſuiue aucun effect de volonté ou d'o-
peration. *Et au chapitre vingt-ſeptieſme.* Auguſtin n'a connu ni pû connoiſtre autre grace
actuelle, que l'efficace. De plus au *chapi-*
tre trante-deuzieſme, il aſſeure : Que la vraye

grace de Iefus-Chrift agit toufiours & acheue
fon œuure ; & que celle qui ne fait pas cela eft
renuoyée par Auguftin à la loy & à la doctrine.

Ianfenius parle de l'eftat de la Nature corrompuë & de la grace interieure , comme
tout le Traité le declare. Maintenant quelle
difference y a t'il entre ces deux chofes : *Qu'on
ne refifte iamais à cette grace , & Qu'on ne peut refifter à Dieu operant par cette grace ?* Si ce n'eft
que cette derniere facon de parler de Ianfenius eft pire & encherit fur celle qui eft condamnée ? La mefme propofition, comme vous
voyez, eft expliquée en autres termes par Ianfenius. Car *ne refifter iamais à la grace ; Qu'il
n'y a point de grace de Iefus-Chrift qui ne foit efficace ; Qu'il n'en eft point qui ne face & n'acheue fon
œuure ; Qu'il n'y en a point auec laquelle l'homme
agiffe s'il veut, & s'il ne veut pas , qu'aucun effect
ne fuiue.* Toutes ces propofitions font fi femblables & tellement fœurs, qu'on ne peut rien
nier à l'vne, qui conuienne à l'autre ; & partant fi l'vne eft heretique , l'autre ne fçauroit
ne l eftre pas. Il faut dire la mefme chofe de la
quatriefme.

<table>
<tr><td>**PREMIERE**
partie de la Quatrief-
me Propofition
condamnée.</td><td>**PROPOSITION**
de Ianfenius. *Tom.*
1. *l. 8. de l'herefie*
de Pelagius.</td></tr>
<tr><td>*Les Semipelagiens ad-*</td><td>**La** troifiefme grace</td></tr>
</table>

mettoient la necessité d'vne grace preuenante interieure pour tous les actes, mesme pour le commencement de la foy.

generale des Marseillois est actuelle, interne & suffisante pour croire, non pas pour operer, &c. Car ces Marseillois asseuroient, que cette

mesme grace d'Adam estoit necessaire au franc arbitre, pour croire s'il vouloit.

Voila la necessité de la grace interne ou interieure pour croire; c'est à dire pour la foy: ie ne doute point que les Iansenistes n'aioustent volontiers, *commencante*, c'est à dire, pour le commencement de la foy. Ainsi toute la premiere partie de cette proposition est de Iansenius.

SECONDE

partie de la Quatriesme Proposition condamnée.

SECONDE

partie de cette proposition en Iansenius. *Tom. 3. l. 3. c. 4.*

Mais ils estoient Heretiques en cecy, qu'ils vouloient que cette grace fust telle que la volonté humaine luy pust resister ou obeir.

Peut-estre peut on dire plus clairement; que la grace de la volonté saine estoit tellement au franc arbitre, qu'il la reiettoit s'il vouloit, ou s'en

seruoit s'il vouloit; & que la grace de la volonté malade & corrompuë n'est aucunement en sa liberté, en sorte qu'elle la quitte ou la reçoiue si elle veut. Mais que cette derniere grace eft celle, qui fait inuinciblement vouloir, & qui ne peut eftre reiettée de la volonté. Diffe-rance qu'Auguftin rebat fi fouuent dans les ouurages contre les Ennemis de la grace, qu'il eft impoffible au Lecteur de ne s'en pas apper-ceuoir.

Voila les Ennemis de la grace défaits par faint Auguftin, & partant Heretiques en ce qu'ils difent, que la grace Medicinale de Ie-fus-Chrift conuient auec la grace d'Adam, en ce que l'vne & l'autre peut eftre abandon-née de la volonté de l'homme, fi elle veut, ou employée s'il luy plaift.

Si ie ne me trompe, *laiffer* la grace interne & actuelle du Sauueur, & *luy refifter*, c'eft le mef-me chez les Ianfeniftes; come pareillement *re-ceuoir & fe feruir* de cette grace n'eft rien autre que luy obeir. Il refte dóc, felon Ianfenius, que les Marfeillois ou les Semipelagiens ayent efté Heretiques en ce qu'ils vouloient, que la gra-ce interieure fuft telle, que la volonté humaine luy puft refifter ou obeir. Donc la quatriefme propofition eft de Ianfenius, & comme telle la cenfure Apoftolique luy conuient; fçauoir qu'elle eft *fauffe & heretique*; fauffe quant à la premiere partie; Heretique quant à la fecon-de. D'où il eft euident, que les cinq Propofi-tions condamnées font de Ianfenius; ou que les fiennes font fi femblables, qu'il eft im-poffible de prononcer quelque chofe des vnes, qui ne conuienne pareillement aux autres & de la mefme façon.

Recueillons donc cecy & accordons aux Ianseniftes ce que nous leur reprendrons tantoft, accordons pourtant, que c'eft le vrai fens de faint Auguftin & le Catholique, auquel Ianfenius & fes Difciples defendent ces propofitions. Neantmoins il fuit toufiours, que Ianfenius cet incomparable Maiftre de la tradition, ce fidele interprete d'Auguftin, ce Dompteur du Pelagianifme renaiffant, ce Reformateur de la Theologie Scholaftique depuis plufieurs fiecles corrompüe, ce Raffineur de la foy Catholique gaftée par les principes de la Philofophie & les raifons humaines, i'entens Ianfenius ce grand & incomparable perfonnage, cet ingenieux, fubtil, efclairé, fçauant & fage Auteur, a exprimé le vrai fens de faint Auguftin & de l'Eglife Catholique, pat des Propofitions qui font au iugement infaillible du faint Siege, *fauffes, temeraires, fcandaleufes, impies, iniurieufes, blafphematoires, frappées d'anathemes, derogeantes à la pieté diuine & heretiques.*

Ce qui n'eft autre aux Ianfeniftes, fuiuans les traces de leur Maiftre, que d'expliquer la doctrine de faint Auguftin & la foy Catholique en des termes odieux & abominables. Cela difie, fuit pour le moins, quant on receuroit l'excufe, auec laquelle ils tafchent d'éuitet le coup fatal de la Cenfure Ecclefiaftique.

En

*En quel ſens les Propoſitions de Ianſenius ont eſté
condamnées ?*

CHAPITRE II.

LES Ianſeniſtes ont diſtingué deux ſens
des propoſitions condamnées ; l'vn
eſtranger, auquel elles peuuent eſtre tirées, & qu'ils reiettent ; & l'autre le legitime, qu'ils proteſtent de tenir comme la foy
Catholique. Voicy leurs paroles dans cet eſcrit qu'ils preſenterent au Souuerain Pontife auant la cenſure des propoſitions. *Or
nous ne ſommes pas en diſpute des propoſitions en-
tendües au ſens eſtranger, auquel on les peut détourner, & que nous reiettons ; mais au ſens legitime
que nous defendons; & partant il eſt queſtion de
la foy Catholique y contenuë.* Ce ſens legitime oppoſé à l'eſtranger ne peut eſtre que
le propre; & celuy qui eſt contraire au ſens
auquel ces Propoſitions peuuent eſtre tirées, n'eſt autre que le vrai & le naturel de
ces Propoſitions, ne faiſant aucune force aux
paroles & les laiſſant dans l'vſage commun.
Et peu apres ils appellent ces ſens *vrais &
legitimes.* Ainſi ils auoüent ſelon leur ſageſſe
& preuoyance, qu'ils ſouſtiennent ces propoſitions dans le ſens legitime, c'eſt à dire,
dans le vrai, propre, naturel & commun.
Et pour détourner le foudre de la condam-

B

nation, ils affeurent qu'il tombe fur l'eftranger auquel elles peuuent eftre détournées. Voila ce qu'ils difent dans le Liuret des trois Colomnes, dont nous reprefentons icy la forme dans la premiere propofition, qui fera la mefme dans toutes les autres.

Premiere Propofition.

Quelques commandemens de Dieu font impoffibles aux Iuftes voulans & s'efforcans de les accomplir felon les forces prefentes qu'ils ont: & la grace qui les rendroit poffibles leur manque.

Propofition contraire à la premiere au fens quelle fe'ft defendue par les Ianfeniftes. Tous les cōmandemés de Dieu, &c.	Premiere Propofition comme nous la defendons.	Sens heretique.
	Quelques commandemens de Dieu font impoffibles à quelques Iuftes voulans & tafchans foiblement & imparfaitement, felon les forces prefentes qu'ils ont petites & infirmes: ou font impoffibles prochainemét & completemét aux Iuftes priuez du fe-	*Qu'on pourroit malicieufement donner à la premiere Propofition, quoy que prife comme il faut, elle ne l'ait pas.*
		Les commandemens de Dieu font impoffibles à tousles Iuftes quoy que voulans & tafchans, felon toutes les forces

quelques excellentes qu'elles ſoient, qui leur viennent d'vne grande, & efficace grace. Et tãdis qu'ils viuent la grace leur manquera de pouuoir meſme accomplir l vn de ces commandemens.

Cette propoſition eſt heretique de Caluin ou de Luther & condamnée par le Concile de Trente.

cours efficace pour pouuoir pleinement & pour operer neceſſaire ; ou bien, ils ne peuuent les accomplir prochainement. Et la grace efficace qui rend ces preceptes prochainement poſſibles leur manque : ou bien ils n'ont pas ce ſecours ſpecial, ſans lequel le Iuſtifié (comme le dit le Concile de Trente) ne peut perſeuerer dans la iuſtice, c'eſt à dire dans l'obſeruation des cõmandemens deDieu.

Nous ſouſtenons & ſommes prets de faire voir, que cette propoſition eſt de la foy de l'Egliſe, & qu'elle eſt indubitable dans la doɔrine de Saint Auguſtin, & qu'elle eſt definie par le Concile de Trẽte.

Le ſens heretique eſt dans la premiere co-

lomne, comme vous pouuez remarquer;
sens que la proposition n'a point, mais au
quel elle peut *malicieusement estre tirée* ; &
pour cette raison ils l'appellent le sens *estranger*. Dans la seconde Colomne est le sens
qu'ils defendent *comme la foy Catholique*, &
que nous reiettons comme vne heresie condamnée. Il n'y a point de troisiesme colomne, où le sens de la proposition soit exprimé ; mais on met la proposition contraire tant au premier qu'au second sens, selon la doctrine (comme ils pensent) de Molina & des Semipelagiens. Donc ne pouuans
nier que la proposition ne soit condamnée,
ils souftiennent qu'elle est seulement condamnée au sens de la premiere colomne, &
non au sens de la seconde, qui est celle du
milieu dans la disposition de leurs trois colomnes.

Ie ne veux point icy examiner le dessein
& l'artifice de l'Auteur de ces Colomnes,
ni m'amuser à pointiller sur l'inutile & ridicule structure des mots qui l'a composent.
Que le docte Lecteur prenne seulement garde aux restrictions , limitations & modifi-
cations de l'expression , & il verra que c'est
le genie de ceux qui de leur gré fuient la
candeur, la netteté & la brieueté, ou qui
faute d'esprit & de connoissance ne la peuuent employer. Et certes qui que soit l'Architecte de ces Colomnes, d'autres que moy
iugeront, si ce n'est point vn Charpentier,

vn Marefchal ou vn Maſſon ; au moins le
peut on affeurer fort rude & peu connoif-
ſant, & qu'il ignore tous les ordres qui font
de l'intelligence vulgaire, ſi ce n'eſt peut-
eſtre le ruſtique.

Laiſſant donc cela , il faut examiner ce
qu'ils diſent du double ſens , auquel ils affeurent que les cinq Propoſitions font & ne
ſont pas condamnées. Ce que ie me promets
de faire ſi nettement, telle eſt la facilité de la
choſe & l euidence de la verité , que le ſça-
uant & ingenieux Lecteur doutera qui font
les plus ſtupides ; ou ceux qui employent ces
euaſions, pour fuir la Conſtitution Apoſtolique ; ou ceux qui eſcoutent & qui ſe laiſſent ainſi dupper à de ſi groſſiers artifices.

Venons donc au fait : La propoſition (diſent-ils) eſt condamnée au ſens heretique de
la premiere colomne, & non au ſens Catholique de la ſeconde. Donc en premier
lieu ie te condamne par ta propre bouche
& par celle du Souuerain Pontife. Il n'y a
point dis-tu de controuerſe au premier ſens ;
parice que l'vn & l'autre Parti conuient de
ſa condamnation : le ſecond ſeulement qu'vn
Parti ſouſtient Catholique, & l'autre heretique, eſt en difpute. Voicy tes paroles : *Il
n'eſt pas queſtion des Propoſitions au ſens eſtranger auquel on les peut tirer, mais du ſens legitime, que nous defendons.* Derechef : *Les Euefques de France demandent, que voſtre Sainteté prononce nettement ſur ce qui eſt en queſtion*

*entre nous & nos Aduersaires , & non sur ce
qui ne souffre aucune difficulté ni contention.*

Ie pourrois desirer de cet honneste
homme la procuration des Euesques de
France , pour demander en leur nom, ce
qu'il demande luy mesme au Saint Pere.
Car à peine en nommeroit-il six ou sept contre plus de quatre vingt , qui ont employé
dans cette affaire des Legats vn peu de meilleure marque & de plus de foy que luy.
Ie pourrois dire que de ce peu dont ils se
parent , il y en a quelques vns qui se plaignent , qu'on ait supposé leur nom en cette legation. Mais il faut mépriser cecy &
beaucoup d'autres choses. Ce qui est euident de tout ce que nous auons dit , c'est
qu on a prié le Souuerain Pontife, qu'il pro-
nonçast sur les cinq Propositions, au sens
qu'elles sont debattues, & que le sens controuerse est celuy de la seconde colomne,
qu'ils soustiennent.

Aioustons les paroles du Pape, par lesquelles il declare assez nettement ce qu'il
pretend dans sa Constitution : *Attendu qu'à
l'occasion du Liure intitulé l'Augustin de Cornelius Iansenius Euesque d'Ipre , il se soit esmeu
principalement en France vne controuerse sur ses
opinions & nommement sur cinq d'icelles, &c:
Nous qui parmy tant & de si diuers soins.....
auons principalement à cœur , que l'Eglise de
Dieu..... estant purgée de l'erreur des mauuai-
ses opinions puisse combattre en asseurance , &*

comme vn nauire nauiger dans vne mer tranquille, les flots & les orages de toutes les tempeftes appaifez, & arriuer heureufement au
port defiré du falut. *Nous pour l'importance de
l'affaire auec*, &c. Et dans la Lerre aux E-
uefques de France il parle ainfi : *La pieté de
vos Fraternitez a bien & dans l'ordre, voyant
que dans vos Eglifes il s'efleuoit de grands troubles à l'occafion de ces Propofitions dont vous
nous auez efcrit, eu recours à ce lieu Saint, a-
fin d'apprendre de nous la verité Catholique.*

Il n'y a perfonne qui ne comprenne de
ces mots (comme ie penfe) le motif du
Saint Pere, & ce qu'il a pretendu. La Controuerfe des cinq Propofitions & les grands
troubles excitez à leur occafion nez en
France l'ont pouffé. Et fon intention a efté
d'appaifer ces troubles, & de faire par fa declaration, que l'Eglife : *Tous les flots & les
orages des tempeftes appaifez, comme vn Nauire fift fes courfes dans vne mer tranquille.*
Eft-ce là ne vouloir pas refoudre la controuerfe, ou prononcer fur le fens qui eft en
differend ? Peut on rien conceuoir de plus
ridicule, que de laiffer apres vn fi grand
appareil & vne fi belle apparence de iugement, toute la controuerfe indecife, & de
prononcer feulement fur ce qui n'eft point
en difpute ? Eft-ce là appaifer lestempeftes,
efcarter les orages, & faire qu'on na-
uige dans vne mer tranquille, il faut donc
que les Ianseniftes bon gré malgré eux ac-

cordent, que l'intention du Souuerain Pontife a esté de iuger de la controuerse ou des
cinq Propositions dans le sens qui estoit en
debat. Ce qui est confirmé par des lettres
particulieres du Saint Pere à quelques Euefques, comme au tres-illustre Euesque de
Grenoble dattées du 29. de Septembre de
l'an 1653 Où il est expressemét dit: *Que la Sē-*
tence a esté renduë contre les cinq Propositions cō-
trouersées. Et autres illustre Euesque de Noyō
du mesme temps, où il y a en mots expres :
Le sens de l'Eglise Catholique a esté declaré
par Constitution Apostolique sur les cinq Propo-
sitions controuerses. Comme quoy peut on dire, qu'on a porté Sentence des Propositions
controuerses, si l'on ne prononce pas sur le
sens qui est en dispute ? Car leur opposition
n'est pas dans les termes, si ce n'est qu'on
vueille, que ce soit vne querelle & vne chi-
cane de Grammairiens. Donc il faut prendre
ces paroles comme conjointes & meslées
auec la signification qui est en doute. Car s'il
ne s'agit pas du sens controuerse, on ne pourra dire que la Proposition le soit.

Considerez maintenant ce qui suit. Le
sens qui est en dispute, c'est le legitime & le
vrai sens des cinq Propositions, que les Iansenistes defendent comme Catholique ; le
sens qui est en dispute, c'est celuy duquel le
Souuerain Pontife pretend prononcer : donc
le sens duquel le Souuerain Pontife veut
prononcer, est le legitime & le vrai sens

des cinq Propoſitions, que les Ianſeniſtes defendent comme Catholique. Donc le Pontife prononçant du ſens qui eſt en controuerſe, & que les Ianſeniſtes tiennent Catholique, il dit que la premiere propoſition eſt *temeraire , impie , blaſphematoire , condamnée d'anatheme & heretique.* Que reſpondez vous Ianſeniſtes ? La conſequence eſt claire ; l'vn de ſes principes eſt voſtre, l'autre du Saint Pere. Choiſiſſez ce qui vous plaira le plus ; ou que l'Artiſan des trois Colomnes s'eſt trompé, quand il auoüe, que le legitime & vrai ſens eſt celuy qui eſt en controuerſe, & que vous eſtimez Catholique ; ou que le Pape meſme ſe trompe, quand il aſſeure, qu'il prononce du ſens controuerſé. Secondement , la propoſition n'eſt condamnable (diſent ils) qu'au premier ſens, & c'eſt celuy qu'elle n'a pas eſtant bien entendüe, mais celuy qui luy peut eſtre malitieuſement attribué. Or qui a iamais eſté aſſez fou, pour vouloir qu'vne propoſition ſoit condamnée pour vn ſens qu'elle n'a pas eſtant bien entenduë, mais pour celuy auquel elle peut eſtre tirée ? Si elle n'a pas ce ſens, n'eſt elle pas innocente ? qu'on decharge donc la propoſition, & que le ſens ſoit condamné. Et qu'eſt-ce de moins, de condamner vne propoſition pour vn ſens qu'elle n'a pas , mais qui luy peut eſtre malicieuſement imputé, que de condamner vn innocent pour vn crime qu'il n'a pas fait, mais dont il peut eſtre fauſſement accuſé ? N'eſt-ce point charger le Iuge meſme ou d'vne ſtupidité eſtrange, ou d'vne tres-meſchante volonté ? Pourquoy la Sentence enueloppe t'elle vn coupable crime auec vn homme innocent, s'ils ſont ſeparez ? Et pourquoy auſſi meſler vn ſens heretique auec vne propoſition Catholique, s'ils ſont pareillement diſtinguez ? Et ils ne voyent pas, que parler de la ſorte c'eſt noircir le Iuge, & partant le Souuerain Pontife d'vne tres-atroce calomnie & d'vn eſtrange outrage ? Penſent-ils donc qu'il y ait vn bon Catholique, qui ne croye pluſtoſt qu'ils ſont foux que le Pape ? Que ſi vne propoſition eſt *heretique & blaſphematoire*, pour vn ſens qu'elle n'a pas, mais qui luy peut eſtre malicieuſement attribué, que feront-ils pour empeſcher, que toute l'Eſcriture ſainte ne ſoit heretique & blaſphematoire ? N'eſt ce point icy vne propoſition du Sauueur : *Les paroles que ie vous ay dites ſont eſprit & vie* ? Non ſeulement on la peut tirer à vn ſens heretique, mais en effet elle y a eſté portée par Caluin, qui a cru que ces paroles inſinuoient, qu'il falloit entendre ſpirituellement ce que l'Egliſe Catholique enſeigne de la preſence de Ieſus-Chriſt dans le ſacrement de l'Euchariſtie. Donc cette propoſition du Sauueur eſt heretique ? Celle-cy le ſera donc auſſi, quand il dit : *Mon pere eſt plus grand que moy.* A cauſe du ſens heretique qu'elle n'a pas à la

verité, mais qu on luy peut donner, & qui
en effect luy a eſté donné par Arius ; quand
il aſſeure, que l'inégalité du Verbe & du
Pere en la nature y eſt ſignifiée. Donc Ieſus-
Chriſt merite encore icy vne cenſure ? & il
faudra condamner ce qu'il a dit : *Moy &*
moy Pere ſommes vn, à cauſe du ſens heretique que Sabellius luy attache, quand il
vouloit conclure de ces mots l'vnité des
perſonnes dans la Trinité, n'y laiſſant que
la ſeule diſtinction des noms.

Il faudra condamner ce qu'il a dit : *L'Eſ-*
prit qui procede du Pere, parce que Photius
auec les autres Grecs ſchiſmatiques en ont
fait vn ſens negatif & heretique, nians que
le Saint Eſprit procedaſt du Fils.

Il faudra auſſi condamner cecy : *Le Para-*
clet Eſprit ſaint que mon Pere enuoyra en mon
nom. Parce que les Macedoniens luy ont
donné vn ſens heretique, voulans que par
ces mots on entendiſt, que le Saint Eſprit
eſtoit moindre & inégal au Fils pareillemét
moindre & inégal au Pere. & partant que
les trois diuines perſonnes eſtoient dans la
Trinité, comme dans nos myſteres le Pre-
ſtre, le Diacre & le Soudiacre.

Toute l'Apocalypſe de Saint Iean l'Apo-
ſtre ſera condamnée à cauſe du ſens heretique que nos Heretiques luy attribuent, en-
tendant l'Egliſe Romaine par Babylone &
l'Antechriſt par le Pape.

Il faudra condamner la propoſition de

Saint Paul, par laquelle il asseure : *Que per-*
sonne n'est iustifié par les œuures de la Loy;
puisque Luther tire ces paroles à vn mauuais
sens disant, que toutes nos œuures sont inutiles, & qu'elles ne peuuent rien contribuer
à la iustification.

Il faut condamner cet oracle de Dauid;
Bien-heureux sont ceux de qui les iniquitez
sont remises & dont les pechez sont couuerts;
parceque le mesme Luther conclud de là,
que les crimes sont seulement cachez, non
imputez; & non pas effacez.

Il faudra condamner toute la Genese, &
dire toute l'histoire de Moise heretique; parce que les Manicheens luy font vn sens heretique, asseurant que le Dieu du Vieux Testament y est designé le Createur de la matiere, & le Prince des tenebres differant de
cet autre Dieu du Nouueau Testament.

Enfin le Pontife n'aura rien dit des cinq
Propositions, qu'il n'ait pareillement pû dire de toute l'Escriture : & comme il n'a pû
appeller toute l'Escriture heretique, il n'a
pû aussi nommer les cinq Propositions heretiques. Ou s'il a pû donner cet infame nom
aux cinq Propositions auec iustice, auec le
mesme droit il aura pû & pourra, & nous
auec luy, à son exemple appeller l'escriture
Sainte, c'est dire l'inuiolable parole de Dieu
heretique. I'aiouste mesme que cela se pourroit dire à meilleur titre selon les Iansenistes, que des cinq Propositions. Dautant

que nous fçauons qu'on a feint des fens heretiques aux faintes Efcritures ; & que nous
ne fçauons pas que quelqu'vn en ait donné
vn heretique aux cinq Propofitions ? Car
qui de nous a iamais auancé ; que la premiere Propofition de l'impoffibilité des Com-
mãdemens fignifiaft, quel'hõme iufte pechaft
en chaque bonne œuure qu'il fait par le fe-
cours de la grace efficace : car le fens confus
& enueloppé de la premiere colomne va là.
Mais comme ie l ay dit , qui de nous luy a
donné ce fens Il eft vrai que nous luy en at-
tribuons vn Caluinien, mais comme propre;
fçauoir celuy par lequel Caluin a iugé, que
l'homme eftant pouffé & preffé par la con-
cupifcence , eft vaincu par la neceffité &
par l'impuiffance de refifter en laquelle il fe
trouue alors. Nous fouftenons, que ce fens
de la premiere Propofition eft heretique &
qu'il fe rapporte fort à l'intention de Ianfenius. Mais de vouloir que par cette Propofition l'homme iufte peche mefme dans la
bonne œuure, ni nous ne l'auons dit ni entendu, ni ne voulons l'entendre. D'où il eft
aifé d'argumenter de la forte : Si quelque
propofition a efté condamnée pour quelque
fens eftranger heretique, comme le pretendent les Ianfeniftes ; il eft euident qu'elle
doit pluftoft eftre cõdamnée pour celuy qu'õ
luy attribuë en effet , que pour celuy qui
luy peut eftre attribué : puifque le mal actuel
preffe plus que celuy qui n eft que poffible.

Mais vn ſens heretique & eſtranger eſt veritablement attribué aux propoſitions de l'Eſcriture Sainte, & celuy que les Ianſeniſtes
feignent peut ſeulement eſtre donné aux
cinq Propoſitions. Et partant ſi leur raiſon
eſt bonne, il faut pluſtoſt condamner les
Propoſitions de l'Eſcriture Sainte, que ces
cinq Propoſitions. Que dites vous à cela
Meſſieurs les Ianſeniſtes ? Ne voyez vous
point à quels precipices vos principes vous
conduiſent? Quel cas faites vous ou de l'Eſcriture, ou du Vicaire de Ieſus-Chriſt, de
pouſſer les choſes iuſques-là ; qu'on peut
conclure que la parole de Dieu eſt heretique, ainſi qu'il a defini (comme vous le dites, que les Propoſitions de Ianſenius ſont
heretiques : s'il vous reſte quelque goutte de
bon ſang, ne vous monte t'il point au viſa-
ge ?

C'eſt icy où il faut marquer la ſinceri-
té & la bonne foy de ces quatre Ianſeniſtes,
qui eſcriuirent de Rome apres leur con-
demnation le ſeizieſme de Iuin aux Eueſques de France ; alleguans que la raiſon qui
auoit haſté la ſentence du Pape, eſtoit que
leurs Aduerſaires auoient perſuadé aux
Conſulteurs & aux Cardinaux, que les Ianſeniſtes tenoient vne opinion en France &
vne autre à Rome : & qu'il y en auoit qui
ſouſtenoient ces Propoſitions en vn mauuais
ſens, & ainſi qu'ils enſeignoient vne nou-
uelle hereſie reiettée par le Concile de Tré-

te en Luther & en Caluin. Et qu'ils auoient
proposé cecy de viue voix, lors qu'ils visi-
toient les Consulteurs & les Cardinaux, &
puis par des informations escrites, qui tom-
berent en leurs mains. Ce qui veritablement
eft vne pure calomnie, dautant que ceux
qui ont combattu les Ianseniftes à Rome,
ne leur ont iamais attribué ce sens, qu'ils
appellent heretique & eftranger, mais bien
celuy qu'eux mesmes auoüent & reconnoif-
sent pour legitime. Et ie maintiens que les
Ianseniftes ne sçauroient faire voir la moindre chose dans les Escrits ou dans les Liures
de leurs Aduersaires, qui puisse prouuer le
contraire.

En troisiesme lieu, si nous ne tombons
d'accord de ce principe, que quand l'Eglise
condamne absolument quelque proposition,
qu'elle la condamne dans la propre signification qu'elle a communement; autrement
toute l'autorité des Conciles tombe, dans la
decision des controuerses, & elle n'a aucune force, ou pour esclairer la doctrine de la
foy, ou pour resoudre les difficultez de ceux
qui doutent, ou pour appaiser les querelles
des Partis. Car y a t'il vne seule proposition, qui ne recoiue auec le bon sens vn
sens eftranger ? Et partant lors qu'elle eft
absolument censurée, qui me dira si c'eft
dans le bon ou dans le mauuais sens ? Et si
les Ianseniftes ne refuent, à quoy se re-
duisent tous ces Decrets du Concile de

Trente ? *Si quelqu'vn dit, que l'homme puiſſe eſtre iuſtifié par ſes œuures ſans la grace, qu'il ſoit anatheme.* Voila qui va bien, ie ſçay que cette propoſition eſt heretique ; mais d'où apprendray-ie ſi c'eſt dans ſon propre ſens, ou dans l'eſtranger qu'on luy peut donner? *Si quelqu'vn aſſeure, que la grace diuine ſoit ſeulement donnée par Ieſus-Chriſt, afin que l'hõme puiſſe plus facilement viure auec iuſtice, &c.* Que cela ſoit heretique ie le veux ; mais en quel ſens ? propre ou eſtranger, qu'on puiſ-ſe luy attribuer ? *Si quelqu'vn dit, que l'homme puiſſe ſans l'inſpiration preuenante du Saint Eſprit & ſans ſon ſecours, croire, eſperer, ai-mer, ou ſe repentir comme il faut, qu'il ſoit anatheme.* Que celuy qui a ce ſentiment ſoit anatheme ; mais en quel ſens, propre ou eſtranges qui luy puiſſe eſtre malicieuſement preſté?

Il ſera facile d'affoiblir & de rendre nuls en cette maniere tous les Decrets de Tren-te, ſelon les principes des Ianſeniſtes ; & ce qui ſe dit de ce Concile, ſe dira de celuy de Valence, de Lion, de Langres & de tous les autres, de l'autorité deſquels les Ianſeniſtes taſchent quelquefois d'appuyer leurs er-reurs. Car il faudra leur demander auſſi-toſt en quel ſens ; ils veulent qu'on prenne ces propoſitions condamnées, ou dans le pro-pre & naturel, ou dans l'eſtranger & fauſſe-ment attribué ? Que reſpondront-ils à cela? Et que leur ſeruira l'authorité de ſaint Auguſtin,

guftin, qu'ils feignent d'adorer, quoy qu'ils le rendent pluftoft Autheur de leurs execrables opinions ? Que ce grand Saint condamne quelques propofitions, comme celles de Pelagius : ne pourront elles point eftre entenduës en leur fens propre & legitime, ou dans l'eftranger, auquel on les pourra tirer ? N'eft-ce point qu'il ne pourra arriuer aux propofitions nottées par Saint Auguftin, ce qui eft arriué à celles qui ont efté condamnées par le Siege Apoftolique ? Donc fi les condamnées par le faint Pere, doiuent feulement eftre creües condamnées au fens eftranger, & qu'on leur peut attribuer, & non au vrai & legitime fens ; pourquoy ne croira t'on fur la mefme diftinction celles qui font condamnées par faint Auguftin, condamnées de la mefme facon ? Et en ce cas là que deuiendront toutes les machines, qu'ils ont dreffées contre Molina & fes Difciples ? ne s'apperçoiuent ils point qu'ils fourniffent eux mefmes dequoy les faire fauter en cendre & en fumée ? Ca donc Ianfeniftes il faut deftruire Molina, cet Ennemy de la grace diuine, ce Defenfeur de la Nature ingrate & corrompuë, ce Reparateur du Semipelagianifme. Deuoüons cet homme, mais voyons premierement qui luy prononce fon arreft ? C'eft, difent-ils les Cóciles de Diofpolis, de Carthage, de Mileuis & d'Orange. Et que difent ces Conciles ? Ils condamnent les propofitions qui

ſont de Molina. Que cette impoſture paſſe.
Mais en quel ſens les condamnent-ils ? Eſt-
ce au propre, ou au faux & qui peut luy eſtre
malicieuſement imputé Tout Saint Auguſtin (diſent-ils) les foudroye ; & que dit-il ?
Que les propoſitions de Molina ſont heretiques. Donnons encore paſſeport à cette
calomnie. Mais en quel ſens les aſſeure-t'il
heretiques , eſt-ce au propre ou au faux?
Les Ianſeniſtes ſont-ils ſi peu clairuoyans
pour ne point dire aueugles, qu'ils ne prennent garde, que leurs ridicules fuites ſont
renduës inutiles par eux meſmes?

Et partant s'ils ne veulent venir au combat nuds & ſans armes , & ruiner toutes
les defenſes de leur cauſe ; il eſt euident
qu'ils doiuent conuenir auec nous de ce
principe : ſçauoir que quand il s'agit de condamner vne propoſition abſolument , il la
faut prendre dans le ſens que l'vſage commun luy donne, & non pas dans l'eſtranger.
Ioignons donc ce principe anec l'aueu des
Ianſeniſtes qui veulent que le ſens diſputé,
& qui eſt celuy qu'ils defendent, ſoit le vrai
le legitime , oppoſé à l'eſtranger , & partant que ce ſoit le propre : de là il ſuit clairement que les cinq Propoſitions ſont condamnées au ſens que les Ianſeniſtes les ſouſtiennent. De cecy le Lecteur peut comprendre comme les Ianſeniſtes ſe couppent en
leurs paroles , & comme ils ſe laiſſent fouët-
ter à leurs colomnes.

Quatrieſmement : Quoy qu'on nous rebatte ſi ſouuent ces ſens, ils ſont tels, que les
Eueſques qui ont propoſé les Propoſitions
à la cenſure de Rome, ni ceux qui l'ont
pourſuiuie, n'y ont iamais penſé. Pour eux
qu'ils penſent ce qu'ils voudront. On a
touſiours parlé du ſens de Ianſenius, c'eſt
celuy qui eſt en diſpute, c'eſt celuy qui a eſté
propoſé aux Iuges. Auoüent-ils, ou s'ils
nient qu'elles ayent eſté condamnées dans le
ſens de Ianſenius ? S'ils l'auoüent, qu'ils
penſent à leurs affaires comme ils voudront:
il nous importera deſormais fort peu de leur
ſentiment ; ſi ce n'eſt pour voir comme ils
le deſmeſlent d'auec celuy de Ianſenius. S'ils
nient qu'elles ſouffrent la cenſure au ſens de
ce grand homme ; qu'ils liſent la Conſtitution Apoſtolique : *A l'occaſion de la publica-*
tion d'vn liure, qui a pour titre ; L'Auguſtin
de Corneille Eueſque d'Ipre, s'eſtant ſouſleué
vne grande diſpute principalement en France ſur
cinq de ſes opinions ; pluſieurs des Eueſques de
France ont fait inſtance aupres de nous, que
nous les examinaſſions, & que de chacune d'el-
les nous donnaſſions noſtre iugement. Que vous
ſemble de cecy ? Le Pontife ne declare-t'il
pas aſſez nettement, que les opinions ſur
leſqu'elles il prononce, ſont de Ianſenius?
Ne fait-il pas voir aſſez clairement ; que
les Propoſitions preſentées ſont celles de cet
Eueſque ? Qu'on pourſuiue de lire : *Ne pre-*
tendant neanmoins par cette Declaration faite

sur ces cinq Propositions, approuuer en aucune
façon les autres Propositions, qui sont contenuës
dans le mesme liure de Cornelius Iansenius. Qui
ne voit que *ces autres Propositions* ont rapport aux cinq condamnées ? La Grammaire
du Port-royal pourroit elle inuenter vne
explication assez delicate, pour nous faire
croire, que ces cinq Propositions ne soient
pas les opinions contenuës dans ce liure ?
Donc le Pape iuge des opinions de Iansenius, quand il iuge des cinq Propositions.
Que ces subtils Philosophes montrent quelle difference il y a en cette matiere, entre
les sens & les opinions de Iansenius. Que
s'il n'y en a point, qu'ils auoüent donc, que
quand le Pontife a condamné les cinq Propositions, il a condamné les opinions & les
sens de Iansenius. Et cecy peut estre confirmé par le sentiment de celuy qui a disposé
ces fameuses Colomnes, quand il asseure,
que toutes les Propositions,à la reserue de la
premiere,ont esté fabriquées. Ce qui signifie
qu'elles ne se trouuent pas dans les mesmes
termes chez Iansenius. Car puis qu'il est certain qu'aucune proposition ne peut estre at-
tribuée à vn Auteur, qu'à raison des mots
qui la composent, ou du sens qu'elle contient ; & que ces cinq ne sont pas à Iansenius pour les paroles, cóme le pretend l'Architecte des Colomnes, il reste qu'elles ne
soient point du tout de Iansenius, ou qu'elles luy appartiennent à raison du sens & de

la fignification. Or qu'elles foient de luy
les Euefques de France qui les ont pro-
pofées à la cenfure , & celuy qui les a cen-
furées , le tefmoignent ouuertement. Donc
elles luy appartiennent à raifon de la fignification & du fens, qui leur eft commun auec
beaucoup d'autres propofitiós de Ianfenius.
A quoy penfent donc fes Difciples, où eft le
iugement de leur refiftance ? Ne faudra-t'il
pas encore les attacher & les foüetter à leurs
Colomnes, s'ils continuent de dire, que le
Saint Pere interrogé des oignons ait refpon-
du des aulx ? Il eft queftion, difent-ils, du fens
de Ianfenius ; on porte cette controuerfe au
Pontife pour la decider ; le Pontife refpond
d'vn fens qui n'eft pas de Ianfenius. Qui ne
crira à ces gens-cy ; Ianfeniftei à la Colomne.

Ce que fignifie l'exception du Souuerain Pon-
tife , quand il a declaré , que ce n'eftoit pas fon
intention de condamner la Doctrine de S. Au-
guftin , ni de toucher la controuerfe de la grace
efficace par elle mefme.

CHAPITRE III.

LEs faux Difciples de S. Auguftin pour
eluder la force de la cenfure Apoftolique
contre les cinq Propofitions, penfent tirer
de grands auantages de ce qu'ils affeurent,

que le Saint Pere a proposé dans vn entre-
tien familier, que ce n'eſtoit pas ſon intention de condamner en aucune façon la Doctrine de ſaint Auguſtin, ni de toucher la
difficulté de la grace efficace par elle meſme,
agitée entre les Thomiſtes & les Ieſuites.
D'où ils doiuent ainſi argumenter, s'ils veulent conclure quelque choſe : Condamner
les cinq Propoſitions au ſens de Ianſenius,
c'eſt condamner ſaint Auguſtin ; Mais ſa
Sainteté a declaré clairement que ce n'eſtoit
pas ſon intention de condamner ſaint Auguſtin ; Donc il a conſequemment declaré,
que ce n'eſt pas ſon intention de condamner
les cinq Propoſitions au ſens de Ianſenius.
De plus : Condamner les cinq Propoſitions
au ſens de Ianſenius, c'eſt toucher & definir
la controuerſe de la grace efficace par elle
meſme agitée ſous Clement VIII. & ſous
Paul V. Mais le Souuerain Pontife a declaré, qu'il ne pretendoit la toucher ni la definir ; Donc il a declaré qu'il ne vouloit pas
condamner les cinq Propoſitions au ſens de
Ianſenius. Ie reſpons brieuement, & raiſóne
ainſi à mon tour. Celuy qui ne veut pas condamner la doctrine de ſaint Auguſtin, & qui
veut condamner les cinq Propoſitiós au ſens
de Ianſenius, montre conſequemment que
ces Propoſitions au ſens de Ianſenius ne ſont
pas la doctrine de ſaint Auguſtin ; Mais Innocent X. ne veut pas condamner la doctrine de ſaint Auguſtin, & veut condamner les

cinq Propofitions au fens de Ianfenius;
Donc Innocent X declare confequemment
que ces Propofitions au fens de Ianfenius ne
font pas la Doctrine de faint Auguftin. **La**
Maieure eft euidente par elle mefme, la premiere partie de la Mineure eft accordée par
les Aduerfaires, la feconde a efté prouuée, &
les termes de la Conftitution le montrent;
La Confequence eft manifefte.

I'argumente encore ainfi : Qui veut condamner les cinq Propofitions au fens de
Ianfenius, & ne veut pas definir la Controuerfe de la grace efficace par elle mefme autrefois difputée, fuppofe que ce font des
difficultez differentes ; Mais Innocent X.
veut condamner les cinq Propofitions au
fens de Ianfenius, & ne veut pas definir la
queftion de la grace efficace par elle mefme
autrefois agitée Donc Innocent X. fuppofe que les controuerfes de la grace efficace,
& des cinq Propofitions font differentes. La
Maieure eft euidente, la premiere partie de
la Mineure a fes preuues, la feconde paffe du
confentement des Ianfeniftes ; La Confequence ne peut eftre niée.

Que vous femble-t'il de cela Meffieurs
les Ianfeniftes ? Nous fommes prefts, ref-
pondent-ils, de faire voir, que les cinq Propofitions au fens de Ianfenius font les mefmes au fens de faint Auguftin. Ie dis, que la
declaration du Souuerain Pontife montre,
que vous voulez faire voir ce qui n'eft pas.

Et quant vous asseurez aussi, que vous estes
disposez à prouuer, que la difficulté de la
grace efficace est la mesme, que celle-cy ; ie
respons pareillement, que le Pape a declaré, que vous promettez des Demonstrations
de choses qu'on ne peut montrer. I'aiouste
encore pour ce qui regarde saint Augustin,
que le Saint Pere n'a pretendu definir que
ce qui luy estoit presenté ; & partant que
n'ayant esté fait aucune mention de la doctrine de saint Augustin, qu'il n'a voulu ni
establir ni condamner sa doctrine. Qu'il a
sçeu ce que la tradition de nos Maieurs a cru
de ces Propositions presentées, & quel est
le sentiment de l'Eglise presente, surquoy
il a consulté les principales Academies du
Monde Chrestien ; outre la discussion qui
en a esté faite l'espace d'vn an & demy par les
plus celebres Docteurs de diuers Ordres.
Que ce qui est defini ne prend pas tant son
autorité du consentement de saint Augustin,
que de l'assistance speciale du Saint Esprit
promise par les Escritures au Vicaire de Iesus-Christ : ce qui n'est autre que de prendre son autorité de l'Escriture, comme le
mesme saint Augustin l'interprete en l'E-
pitre à Innocent I. De plus quand on feroit
voir, que ce qui a esté defini, seroit contraire à quelques autres sentimens de saint Augustin, il faudroit plustost quitter sant Augustin par le conseil du mesme saint Augustin, que le Souuerain Pontife. Mais certes

Il n'en faut pas venir là ; puifque bien loin
de luy eftre contraire, qu'il luy eft tres-con-
forme. Il faut feulement changer aux Ianfeniftes cette fubtilité à defcouurir la Theologie de faint Auguftin, qui eft fort femblable
à celle de Caluin, qui pretend, que tout ce
qu'il auance de la Grace & du libre Arbitre
foit de faint Auguftin. Il n'y a point de
meilleur moyen pour connoiftre le fenti-
ment de faint Auguftin, que de recourir à
l'interpretation de l'Eglife ; puifque nous ne
pouuons nous adreffer à luy dans nos doutes, & que nous auons l'Eglife. Qu'y a t'il
donc de plus feur, que d'interroger l'Eglife
prefente & parlante de l'opinion de faint Auguftin fe taifant & abfent ? Ie veux qu'il
parle par efcrit, il ne peut refoudre nos
doutes par efcrit. Si nous croyons fon fenti-
ment vrai, eftant encore plus certain que
celuy de l'Eglife eft vrai, il faut conclure certainement, que ceux qui tirent faint Auguftin à vn fens contraire à celuy du Souuerain
Pontife, ne l'entendent pas bien.

Ie dis pareillement touchant la Grace efficace par elle mefme & la difficulté, qui eft
entre les Thomiftes & les Theologiens de
la Compagnie, qu'il y a deux queftions, dont
l'vne nous eft accordée par les Thomiftes,
l'autre nous eft difputée. Que celuy qui con-
treuient librement aux preceptes, ait vn pouuoir prochain & nullement empefché de les
garder, & partant qu'il puiffe refifter à la

grace interieure qui acheue cette puiſſance:
Qu'il ſoit neceſſaire pour la liberté du merite & du demerite, que la faculté ſoit tellement libre, qu'elle ſoit preparée à l'vne &
à l'autre partie de là contradiction, & partant qu'elle ſoit franche non ſeulement de
la neceſſité de contrainte, mais de quelque
autre que ce ſoit, qui empeſche l'indifference: Que la volonté puiſſe à ſon gré obeïr
ou reſiſter à la grace interieurement mou-
uante: Que tous les Iuſtifiez qui finalement
tombent & ſe damnent, ont pû perſeuerer
& ſe ſauuer : Que Ieſus-Chriſt eſt mort,
pour leur meriter la grace, qui leur donnaſt
ce pouuoir. Voila les choſes dont nous n'a-
uons iamais diſputé auec les Thomiſtes , &
dont nous ſommes touſiours tombez d'accord comme des principes immobiles des
Theologiens Catholiques. Or de ſçauoir , ſi
ces choſes s'accommodent auec la Grace
Phyſiquement predeterminante au ſens des
Thomiſtes c'eſt dequoy nous diſputons, eux
tenans l'affirmatiue, nous la negatiue. Donc
le Pape a confirmé ce que nous auons de
commun , & laiſſé à noſtre diſpute, ce que
nous auons de differend. Mais vous direz;
de l'eſtabliſſement de ces principes la conſequence eſt neceſſaire au rebut de la grace
prederminante. Ie reſpons que c'eſt le ſujet
de noſtre controuerſe ; ſçauoir ſi cette conſequence eſt neceſſaire; nous la iugeons telle , ils le nient. Qui des deux Partis penſe le

mieux, cela n'eft pas encore defini. Ceux qui appuyront & qui defendront mieux leur opinion auront gain de caufe. Et voila ce que le Pontife pretend, quand il dit, que ce n'a pas efté fon intention de toucher la controuerfe, qui eft entre nous & les Thomiftes de la grace efficace par elle mefme. Car cequ'on ne touche, que par des confequences de part & d'autre debattües, n'eft pas definitiuement decidé ; & l'on ne peut dire, qu'il y ait decifion d'vne caufe, de laquelle il eft permis par le Iuge de difputer. Et partant cette liberté nous eftant laiffée par le Saint Siege, ce n'a pas efté fon intention de porter fon iugement de leur neceffité. Donc ce que les Ianfeniftes tafchent de recueillir, de ce que le Pape ne pretend pas de toucher la doctrine de faint Auguftin & la controuerfe de la grace efficace, eft vain & inutile pour eux.

De tout cecy il eft aifé de comprendre ce qu'on doit penfer de ceux, qui reçoiuent la cenfure Romaine des cinq Propofitiós auec cette exception, qu'il ne foit rien derogé à l'autorité de faint Auguftin & de faint Thomas. Dieu immortel que cette exception eft fufpecte, ou pour parler plus doucement, fuperfluë. Car ou ils fuppofent que l'opinion de faint Auguftin eft plus certaine, que la decifion du faint Pere, ou que la decifion du faint Pere eft plus affeurée que l'opinion de faint Auguftion, ou que l'vne &

l'autre eſt egalement certaine ou douteuſe.
S'ils preferent le ſentiment de ſaint Auguſtin au decret du Pape, ie ſouſtiens que cette exception eſt ſuſpecte & fort eſloignée du
genie de ſaint Auguſtin; & que ceux qui ont
cette opinion peuuent entrer au nombre des
Proteſtans. S'ils eſtiment, que la definition du Saint Siege ſoit plus aſſeurée que
l'opinion de ſaint Auguſtin, pouuant dire
que cette exception eſt ridicule, ie me con-
tente de dire qu'elle n'eſt que ſuperfluë. Car
que ſert de croire qu'on ſoit du meilleur parti. & d'opiniâtrer qu'on s'y attache, ſans
vouloir quitter le moins ſeur ? Celuy qui en
vſe de la ſorte n'eſt il point diſpoſé (s'ils ne
peuuent eſtre accordez) de laiſſer le parti
certain, pour prendre celuy qui luy ſemble
le moins aſſeuré ? Le meſme ſe doit dire, ſi
l'on ſuppoſe les ſentimens de l'Eueſque de
Rome & de ſaint Auguſtin également dou-
teux ou certains. Car pour lors quel credit
peut auoir l'exception, ou quelle raiſon de
preferer ou de poſtpoſer l'vn à l'autre ? Ce
que i'auance de ſaint Auguſtin, il le faut dire par la meſme raiſon de ſaint Thomas, qui
certainement ne ſe tiendroit pas (s'il vi-
uoit) de pourſuiure des gens qui le commet-
tent auec le Vicaire de Ieſus-Chriſt. Et voicy en quoy les Ianſeniſtes ſe trompent touſiours, quand pour eſchapper aux decrets
du Saint Siege, ils oppoſent ſaint Auguſtin
& ſaint Thomas. Et ils ne prennent pas gar-

de combien cette vaine complaifance à l'efgard de ces grands hommes leur nuit ; puis
qu'ils s'attachent à des perfonnes qui s'of-
fenfent tres fort de ces lafches offices. Et
i'admire l'extreme bonté de ces Meffieurs de
n'auoir pas dedaigné d'eftre les Tuteurs ou
les Pedagogues du Vicaire de Iefus-Chrift,
dans la penfée, que leur prouidence luy eft
neceffaire à regler les articles de foy, & dás
la crainte, qu'il ne manque par imprudence
ne fçachant pas diftinguer entre la doctrine
de ce grand Saint & l'heretique, c'eft à dire,
que fon foudre ne frappe faint Auguftin,
quand il le lance fur les Heretiques. C'eft
que le faint Pere eft pupile, & que fon age
eft foible, s'ils ne font aupres de luy pour in-
terpreter fes paroles & les concerter. Il eft
neceffaire qu'ils nous faffent le difcernement
des fentimens de ces Saints, & que feignans
d'en receuoir vne partie, ils reiettent l'autre.

Mais accordons aux Ianfeniftes ce que
par toutes raifons on leur doit nier. Qu'il
ait femblé à faint Auguftin : Que quelques
commandemens de Dieu font impoffibles
aux hommes iuftes, felon les graces prefentes qu'ils ont : Qu'on ne refifte iamais à la
grace interieure actuelle : Qu'il fuffit à la liberté pour le merite & le demerite qu'elle
foit exempte de coaction, quoy qu'elle ne
le foit pas de neceffité : Que ce foit vne he-
refie des Semipelagiens, de croire, qu'il foit

libre de refifter ou d'obeir à la grace preuenante : Que Iefus-Chrift foit feulement mort pour le falut desi Predeftinez , & non pour le falut d'aucun Reprouué. Accordons (dif· je) ce qui eft tres-faux, que faint Auguftin ait eu ces opinions. C'eft vn Docteur, qui ne peut eftre contredit (difent-ils) ie le veux. N'eft-il pas auffi irrefragable , quand il enuoye les Donaftites *au fiege de faint Pierre* , comme *à la Pierre* contre qui les portes de l'Enfer ne preualent point ? N'eft il pas irrefragable, quand il nie que Iulien Pelagien *euft erré*, s'il euft voulu efcouter le fucceffeur du mefme Pierre ? N'eft-il pas irrefragable, quand il dit· qu'Innocent Euefque de Rome *n'a pû refpondre* autre chofe à ceux qui l'interrogeoient, *que ce que le Siegt Apoftolique* & l'Eglife Romaine tient auec les autres ? N'eft-il pas irrefragable quand il protefte , *qu'il y a du crime* de douter de ce que le Siege Apoftolique a decidé ? N'eft-il pas irrefragable, quand il efpere, que les Pelagiens opiniatres' & rebelles aux Conciles affemblez contre eux tant en Orient qu'en Afrique , cederont à l'autorité plus grande d Innocent ? N'eft-il pas irrefragable , quand il reconnoift dans l'Eglife Romaine, *la Principauté Apoftolique* , ou ce qui eft le mefme, *la Principauté de l'Eglife Apoftolique preferable à toute autre Eglife* ? Saint Auguftin ayant declaré par ces tefmoignages & beaucoup d'autres femblables, combien il

eſt ſeur de s'arreſter aux Deciſions du Saint
Siege, ſe trouuera t'il quelqu'vn aſſez har-
dy pour faire des exceptions, & pour proteſter en faueur de ſaint Auguſtin contre
vne Conſtitution qui en emane. Ce qui n'eſt
autre choſe que d'excepter & proteſter contre luy meſme ? Ils n apprehendent pas auſſi
d'impoſer à ſaint Thomas, qui a deſia cy-
deuant appellé leur doctrine heretique.

Ce que prouuent quelques autres coniectures des
Ianſeniſtes touchant l'intention du Souuerain
Pontife.

CHAPITRE IV.

LEs Docteurs Ianſeniſtes font vn grand
argument à leur auantage, de la bonté
auec laquelle ils furent receus par le Souuerain Pontife, qui leur a liberalement donné des Indulgences, qui a loüé leur conduite, qui a parlé hautement de leur eloquence & de leur erudition, qui a proteſté n'a-
uoir voulu en leur faueur vſer de ces termes
ordinaires dans ſa conſtitution : *De la pleni-*
tude de noſtre puiſſance ; Qu'il ſçache qu'il en-
courra l'indignation des bien-heureux Apoſtres
ſaint Pierre & ſaint Paul. De toutes ces paroles & actions pleines de ciuilité ils pretendent conclure, que ſa Sainteté n'a pas
voulu condamner les cinq Propoſitions au

Lettre
eſcrite
aux E-
ueſques
de Fră-
ce par
les qua-
tre Do-
cteurs
Ianſe-
niſtes de
Rome le
16. de
Iuin.

sens de Iansenius, mais seulement en celuy qu'elles n'ont pas, & que l'on peut malicieusement leur imputer. Respondons en peu de mots à tout cecy.

Premierement il ne faut pas agir par coniectures contre la foy nullement douteuse ni obscure d'vn Codicile bien signé & scellé. Sempronius a fait vn Testament, il a nommé Cajus son heritier, on produit son Escrit : qui escoutera celuy qui souftient sur la diuination des indices, que son dessein est d'instituer Titius ? Ie montre la Constitution Apostolique, qui parle clairement que le Pape condamne dans les cinq Propositions les opinions, c'est à dire le sens de Iansenius, que tu m'accordes estre le propre; & tu me produis des coniectures, par lesquelles tu tasches de me persuader, qu'il n'a pas voulu condamner le sens de Iansenius qu'elles ont, mais vn autre qu'elles n'ont pas. Cette entreprise n'est elle point digne de risée ?

Secondement ie dis, que les Ianfenistes ont coustume d'oublier dans leurs relations ce qui a plus de force pour faire voir l'intention du saint Pere. Trois ou quatre mois apres leur arriuée à Rome, ils furent enfin receus & ouys par sa Sainteté auec la mesme bienueillance & bonté dont elle vse enuers les Pelerins & les Estrangers. Ils le firent aussi-tost sçauoir en France, & eurent soin que la Gazette en parlast ; Les Partisans de

cette

cette doctrine triompherent de ioye, & par
vne efperance vn peu precipitée ils deuan-
cerent le iugement du Souuerain Pontife.
Dans la premiere conference le Pape decla-
ra en mots expres, qu'il ne vouloit en aucu-
ue façon qu'on reuoquaft en doute la Conftitution d'Vrbain fon Predeceffeur : c'eft
à dire qu'il ne vouloit que perfonne doutaft
de la verité exprimée dans fon Decret ; fçauoir que la doctrine de long temps condamnée auoit efté defenduë au fcandale de toute
l'Eglife par Ianfenius, auec mefpris du Siege Apoftolique, au grand peril de la foy
Chreftienne. Les Ianfeniftes crurent (telle eft leur fincerité) qu'il falloit fupprimer
cecy, & publier ce qui leur eftoit auanta-
geux dans les Gazettes.

Ils pretendent auffi par toutes ces mar-
ques de bienueillance, dont le faint Pere a
fait voir, que la douceur & la maiefté oc-
cupent quelquefois vn mefme trofne, conclure qu'il a approuué leur doctrine. Ils
paffent fous filence l'accueil des Docteurs
qui eftoient dans les fentimes contraires,
fçauoir Meffieurs Hallier, Ioyfel & La-
gaut, à qui pour marque d'vne finguliere
bienueillance, le Pape donna fa medaille en
or & en argent, confera des benefices vac-
cans, & leur commanda d'en efperer dans
les occafions. Ce qui montre, que fa Sainteté s'eft tellement comportée à l'efgard
des vns & des autres, qu'elle a voulu fe con-

D

jouir auec ceux ci comme ayans acheué vne affaire d'importance & combatu fidelement pour les interefts de l'Eglife, & auec ceux-là comme auec des perfonnes dont il auoit de bonnes efperances, & qu'elle inuitoit par fon humanité au repentir de leur faute & au defaueu de leur erreur.

Ils affeurent qu'on a loüé leur conduite. Ie doute s'il eft vrai. Car i'ay appris de perfonnes dignes de foy, que le Souuerain Pontife n'auoit pas fçeu fans eftonnement les grandes fommes d'argent qu'ils auoiét employées à Rome ; ce que quelques-vns font monter à plus de quarante mille de nos efcus. En quoy l'Eglife Romaine ne merite pas vne petite loüange, d'auoir fait par fa iuftice & fon equité, que lâ verité toute nuë & fans armes ait furmonté vne erreur toute brillante d'or. Ils adiouftent, qu'on a loüé leur eloquence ; s'il eft ainfi, il faut certainement qu'ils foient plus eloquens en parlant qu'en efcriuant. Ils parloient en Latin, & il eft conftant de leur petit opufcule des trois Colomnes, que s'ils ont commencé leur apprentiffage en cette langue, qu'ils ne l'ont iamais acheué. Quoy qu'il en foit, ils ne difent pas, que fi l'on a recommandé leur eloquence, on a beaucoup trouué à dire à leur iugement. Car ayans à parler des cinq Propofitions, ils fe ietterent fur les Iefuites commençant leur grande harangue par ces beaux mots :

La Societé Semipelagienne des Iesuites ;
& leur inuectiue dura deux·heures, la pa-
tience des Auditeurs combattant dans leurs
efprits auec l'indignation. Cette fatyre fut
conclüe par vn grand eloge de faint Auguftin & vn ample difcours de la grace efficace, ce qui n'eftoit point en queftion. Enfin
apres quatre heures d'ennuy, on s'apper-
ceut qu'ils n'auoient pas encore commencé
de parler de leur fujet. Le Souuerain Pontife leur accorda des indulgences, parce
qu'il crut, qu'ils eftoient dans la croyance
du Purgatoire & de la Communion des
Saints. Il voulut, qu'ils attribuaffent à grace finguliere, qu'il euft obmis dans fa Conftitution les termes de l'extreme indignation ; qu'il foit ainfi. Il a donc cru que
cette cenfure les regardoit ; mais il iugea
par l'efperance de leur repentir & de leur
docilité à fe foumettre, qu'il falloit adou-
cir le Decret, & pour ainfi dire, leur dorer
la pillule.

Examinons quelques·vns de leur rai-
fonnemens fur le mefme fujet : Ayans
(difent-ils) expofé de viue voix & par efcrit le propre & particulier fens des cinq
Propofitions, nous foufmettans à le de-
fendre, iufques à ce qu'on euft porté vn iugement definitif, fa Sainteté prononça fur
ces Propofitions, fans rien exprimer de
leur fens propre & particulier : Donc c'eft
vn argument inuincible, qu'il a approu-

Dans la mefme Lettre.

D ij

ué , que nous defendiſſions ces Propoſitions dans leur ſens propre & particulier,
que nous maintenons eſtre le Catholique.
Ie reſpons que cet argument n'eſt pas ſeulement certain , mais de plus qu'il eſt ridicule , & qu'il en faut conclure tout le contraire. Dautant que s'il faut quelquefois
exprimer en quel ſens on condamne quelque propoſition, il le faut principalement
exprimer, quand on l'a condamnée en vn
ſens eſtranger & fort eſloigné du naturel;
car quand on l'a condamné abſolument, on
doit iuger qu'elle eſt codamnée dans ſon
propre ſens. Car en quel ſens a t'on condamné celles du Concile de Trente? en quel
celles du Concile d'Orange & d'Afrique?
Parle t'on là du ſens propre & particulier?
Et pourtant c'eſt celuy là qui eſt cenſuré.
Si l'on condamnoit l'eſtranger & non le
propre, ce ſeroit lors qu'il le faudroit exprimer , afin d'auertir les Fideles , & de
leur oſter vn euident danger de faillir. Et
partant la Sentence qui a eſté portée contre
les cinq Propoſitions, ç'a eſté le iugement
definitif, tel que les Ianſeniſtes le demandoient de leur vrai & naturel ſens. Ils pour-
ſuiuent.

Ayans expoſé (diſent-ils) le ſens auquel
nous defendons les cinq Propoſitions, non
ſeulement ſa Sainteté n'improuua pas, mais
il recueillit auec des applaudiſſemens ex-
traordinaires , tout ce que nous diſmes. Ce

qui marque euidemment , qu'elles n'ont
pas efté condamnées dans ce fens. Ie refpons, que s'il eftoit exprimé dans cette declaration , que le fens que les Ianfeniftes
donnent à ces cinq Propofitions eft le fens
Catholique ; ou que c'eft le vrai , le propre,
le naturel & le legitime ; ou que c'eft la doctrine de faint Auguftin ; ou que cela a vne
liaifon neceffaire auec la foy Catholique de
la neceffité de la grace , ou quelque chofe de femblable ; ie nie que le Souuerain
Pontife ait approuué ce que leur expofé
portoit. Si on l'affeure, ie fouftiens qu'on
impofe à fa Sainteté. Si quelqu'vn eft cho-
qué de cette refponfe, qu'il aille à Rome vanger cette iniure , & pour prouuer
fa foy & fon innocence au Saint Pere ; s'il
a dequoy faire les frais du voyage en allant,
ie luy promets que rien ne luy manquera
pour le retour.

Le Pape fut tellement perfuadé (aiou-
ftent-ils) que les cinq Propofitions font
vraies en noftre fens, qu'il ne voulut plus
qu'on les examinaft, ni que deformais on
tint aucune Congregation ; or il euft fallu
en tenir, s'il y euft eu quelque difficulté en
ce que nous auions propofé. Ie refpons à
tout cecy que cet argument eft ridicule, &
dont toute la force tourne contre ceux qui
le font. Il eft vrai, le Souuerain Pontife
a iugé qu'ils n'auoient rien dit dans leur
longue harangue, qui le puft faire douter

d'vne decision qu'il auoit desia conceüe; si
bien qu'il crut vne plus ample delibera-
tion superflüe. Et certes ce fut le sentiment
de ceux qui furent presens à ce long dis-
cours ; or tous les Cardinaux & les Consulteurs choisis en cette cause y assisterent,
qui tous protesterent , qu'ils n'auoyent rien
oui , qu'ils n'eussent auparauant preueu, &
qui n'eust esté plainement examiné.

En cette façon on reiette vne autre de
leurs fuites quand ils asseurent : Que la
Constitution Apostolique tesmoigne, que
les cinq Propositions ont esté examinées
par les Consulteurs : Or elles n'ont pas esté
examinées dans le sens qu'ils ont proposé,
puisque depuis cette proposition il ne s'est
tenu aucune congregation : Donc elles
n'ont pas esté condamnées dans ce sens, attendu qu'il n'est pas probable que ce qui
n'a pas esté examiné ait esté condamné. Il
est aisé de repartir à cette ingenieuse subti-
lité, que ce sens ne fut point examiné apres
leur declamation , parce qu'il estoit assez
connu auparauant. Puisque c'estoit le mesme, qui dés le commencement auoit esté
proposé à l'examen de viue voix & en escrit, par les Docteurs Orthodoxes. Ce qui
prend sa preuue de tous les Escrits qui furent presentez aux Cardinaux & aux Consulteurs pour instruction. Entre lesquels
on peut mettre l'éclaircissement des cinq
Propositions qui parut en public. Donc ce

fens que les Ianfeniftes appellent Catholique , a efté examiné dés le commencement par la Congregation comme le propre, le vrai & legitime,fens des cinq Propofitions, & a efté condamné par le Saint Pere comme heretique. Ils finiffent ainfi.

Dans la derniere conference, comme nous eftions fur le point de nous feparer, fa Sainteté tefmoigna qu'elle auoit approuué ces Propofitions, & qu'elle les auoit imprimées dans fa memoire ; & cela auec des termes fi pleins d'honneur & d'eftime, qu'il eft prefque auffi difficile de le croire que de l'exprimer. A cecy ie refpons, que les Ianfeniftes fe raillent : que veulent ils dire par ces Propofitions ? à quoy rapportent-ils *ces* ? Eft ce aux cinq condamnées ? Ie le nie, s'ils l'affeurent. Eft-ce à ces chanfons fi fouuent redites de la grace par elle mefme efficace & de la doctrine de faint Auguftin? Ie veux que le faint Pere n'ait pas trouué mauuais, qu'ils ayent fouftenu la grace efficace aux termes qu'il eft permis aux Thomiftes ; ie veux auffi qu'il ait approuué, qu'ils honnoraffent la doctrine de faint Auguftin. Que fait cela à la defenfe des cinq Propofitions, que les Difciples de S. Thomas & de faint Auguftin condamnent? S'ils auoient dit partans de Rome, qu'ils fouftenoient les cinq Propofitions comme Catholiques , dans le fens particulier , propre, vrai & legitime, ils n'auroient pas paf-

fé le Pont de Mole ; Rome les poſſederoit
encore, ou dans la Cité ou dans le faux-
bourg.

Sçauoir ſi les cinq Propoſitions ſont ſeulemens
condamnées en general ?

CHAPITRE V.

Voicy vne autre fuite des Ianſeniſtes,
qu'ils rebattent ſans ceſſe : *Que les*
Propoſitions ont eſté condamnées en general, ce
qui ne touche point le ſens particulier, auquel
elles ſont defenduës par les Ianſeniſtes : Qu'on
les a laiſſées dans leur ambiguité generale : Que
ceux qui les ont conceuës ont affecté cette con-
fuſion ; & pour ceſte cauſe elles ont eſté propo-
ſées ſous des termes equiuoques & indefinis :
Qu'elles ont peu dans cette vniuerſalité ſouffrir
la cenſure ; & que de fait elles ont eſté condam-
nées meſme par les Ianſeniſtes : Que la cenſure
tombe ſur les Propoſitions generalement priſes,
& non entenduës en des ſens particuliers &
controuerſez.

Ces paroles n'expriment que de pures
ombres, & ne pretendent autre choſe, que
d'obſcurcir la ſplendeur de la verité en
coulans des tenebres dans l'eſprit des Ignorans. Les Propoſitions ſont compoſées de
mots & de ſignification ; ſi nous conſiderons les mots ce ſont des Propoſitions in-

diuifes & fingulieres expofées en mefmes termes chez Ianfenius. Eux mefmes le reconnoiffent pour la premiere ; pour les autres nous l'auons fait voir dans le premier chapitre : & partant s'il y a quelque ambiguité en cecy qu'ils accufent Ianfenius, & qu'ils reconnoiffent l'innocence de ceux, qui ont fidelement prefenté au iugement du Souuerain Pontife, fi ce qu'ils auoient trouué chez cet Auteur eftoit digne de cenfure. Il refte donc que cette generalité & confufion tombe fur la fignification. Mais comme quoy la fignification d'vne propofition peut elle eftre vague & confufe, quãd elle n'a qu'vn fens qui eft le propre & le legitime ? Les Ianfeniftes en propofent deux dans leurs colomnes, l'vn heretique, & l'autre, comme ils l'eftiment, Catholique; & parce que nous le nions, controuerfé. Ils appellent le fens heretique *eftranger* & le Catholique *propre*. Comme quoy peut on recueillir vne fignificatió vniuerfelle d'vne propofition qui a vn fens propre & vn eftranger ? Que fi cela fe peut, fçauroit on en trouuer vne dont la fignification ne foit pareillement vague & indefinie, & partant qui n'ait les vices dont on accufe celles-cy ? Ca Meffieurs les Ianfeniftes, confultez voftre Grammaire, parcourez voftre Dictionaire, pourriez-vous exprimer fi nettement le fens de Ianfenius par vne propofition fi precife, qu'il ne reftaft aucun lien

à vne explication estrangere ? Donc qu'ont
pû faire ceux qui ont conceu les cinq Propositions, qu'ils n'ayent fait, pour exprimer le vrai sens de Iansenius ? Ils repar-
tent à cela, ils ont supposé vn sens estranger. A qui ? Aux Consulteurs, aux Cardinaux, au Pape, gens à la verité simples &
ignorans, qui dans la censure des propositions ne sçauent pas discerner le sens estranger du legitime. A vrai dire voila vne pensée digne de vostre pieté & modestie, de
charger plustost les Princes de l'Eglise &
mesme le Vicaire de Iesus-Christ d'estour-
dissement, que de l'auouer en vos personnes. Car ie vous prie quelle plus grande
stupidité peut on conceuoir, que de condamner dans vn sens estranger vne proposition, qui est Catholique dans son propre & vrai sens, sans faire ni eclaircisse-
ment ni distinction ? Ce qu'ils disent de
plus est faux ; sçauoir que ce sens heretique
a esté presenté dãs les informations secretes
par les Docteurs Orthodoxes. Et parce
qu'ils se vantent que les Escrits, que ces
Docteurs donnerent aux Consulteurs, sont
tombez entre leurs mains ; ie les coniure de
les montrer, & de conuaincre l'imposture
dont ils se plaignent. On verra clairement,
que non seulement on n'a iamais insinué ce
sens aux Consulteurs & aux Iuges, mais
dauantage que ceux qui poussoient cette affaire, ont empesché soigneusement qu'on

ne le propofaft, afin qu'on portaft le iugement du fens de Ianfenius, c'eft à dire du
propre , du legitime & de celuy qui eftoit
en difpute. Et voila d'où eft venu la faute
que les Ianfeniftes remarquent ; quand ils
affeurent que le fens heretique ne conuient
pas aux cinq Propofitions , *mais qu'il peut
leur eftre malicieufement attribué* : & que perfonne autre n'eft coupable de cette fuppo-
fition que les Iuges de Rome & mefme le
Saint Pere. Car eftre heretiques & auoir vn
fens heretique eftât la mefme chofe, qui dit
abfolument qu'elles font heretiques, prononce qu'elles ont vn fens heretique. Et
c'eft ce que nous appellons feindre vn mauuais fens (difent-ils) C'eft donc celuy qui
prononce qui feint. Et il ne leur refte point
d'autre excufe pour le Saint Pere , fi ce n'eft
qu'ils accordent , qu'il ne l'a pas fait auec
malice, mais imprudemment , fimplement,
ou en quelque autre façon moins coupa-
blement.

Ie pourrois encore icy m'adreffer à la
Philofophie des Ianfeniftes , quand ils affeurent: Que les cinq Propofitions ont efté
condamnées en general ; & que touchées
de la cenfure elles demeurent dans leur generalité. Car cela fe deuant entendre de
leur fens , il fuit que le fens en general ou
confideré dans fa generalité, eft le fens condamné. Et qu'entendent-ils par le fens en
general ou dans fa generalité? S'ils fçauent

ce qu'ils difent , ils doiuent auoüer, que
c'eft vn fens qui tient le milieu entre le propre & l'eftranger , entre le Catholique &
l'heretique ; & qui partant dans cette precifion n'eft ni Catholique ni heretique, mais
qui peut appartenir à l'vn ou à l'autre. Ainfi
qu'ils prennent garde à ce qu'ils auancent;
fçauoir que les cinq Propofitions prifes en
general , ou laiffées dans leur generalité ;
c'eft à dire entant qu'elles ne font ni Catholiques, ni heretiques, ont efté condamnées comme heretiques. Qui eft celuy qui
les condamne ; & auec quelle equité peut
eftre condamnée ou declaréemauuaife vne
chofe qui n'eft ni bonne ni mauuaife ? Ils
refpondent qu'elle peut eftre mauuaife;
qu'on dife donc feulement qu'elle peut eftre
mauuaife, mais non qu'elle le foit abfolument. Les Saints mefmes peuuent eftre
mefchans, tandis qu'ils viuent ; on ne les
dit pas neantmoins fimplement mefchans ?
De plus il y a contradiction en cecy;que ce
fens laiffé dans fon vniuerfalité puiffe eftre
mauuais, puifque tandis qu'il demeure dans
cette generalité , il eft dans la precifion du
bien & du mal ; & il ne peut deuenir mauuais , qu'en perdant cette vniuerfalité & re-
ceuant vne reftrainte & vne determination
au mal. Il falloit propofer cecy à ces Fanfa-
rons, qui veulent paroiftre redoutables a-
pres la perte de la victoire, & qui affeurent : *Que leurs Aduerfaires empefchez par*

vne force fecrete de la redoutable verité, &
furpris de l'efclat brillant des tefmoignages de
Saint Auguftin, n'oferent paroiftre en public,
pour entrer en difpute auec eux en prefen-
ce de fa Sainteté. Eftant tres-certain qu'il
y a beaucoup de petits fecrets dans la Dialectique, dont ces hommes confommez
font capables. Et de tout cecy il eft euident,
que ces cinq Propofitions ne font ni equiuoques ni ambigues n'ayant qu'vn feul
fens legitime & propre, en forte que tout
autre eft eftranger. Car fi des Propofitions
fi claires ont de l'equiuoque & de l'ambiguité, que pourra-t'on iamais dire qui ne
foit equiuoque & ambigu? Ainfi ils deuiendront eux-mefmes ce qu'ils rechantent fi
fouuent aux Iefuites, les Docteurs de l'E-
quiuoque.

Si l'on a gardé l'ordre naturel de recourir au
Souuerain Pontife, fans s'adreffer aupara-
uant au Concile des Euefques de France.

CHAPITRE VI.

APres que les Euefques de France eurent efcrit cette Epiftre au Pape, par
laquelle ils luy demandoient fa declaration
fur la Controuerfe des cinq Propofitions;
les Ianfeniftes qui crurent, que le tres-il-
luftre Euefque de Vabres en eftoit l'Auteur

ou le Solliciteur, drefferent contre luy vne
Lettre pleine de feux & de flames, qui fans
confiderer fon rang, fa pieté & fa rare doctrine fe moque d'vn des celebres Prelats
de l'Eglife. La ils blafment entre-autres
chofes, qu'onne rapporta pas cette Controuerfe, pour en faire la difcuffion aux
Euefques, qui eftoient venus en ce temps-
là de diuerfes Prouinces à Paris pour les
affaires duClergé. Ce que les Iáfeniftes demandoient lors, c'eft ce qu'ils difent main-
tenát auoir efté obmis. Et il y en a qui trouuent mauuais, quoy qu'ils iugét qu'on doiue
receuoir le Decret Apoftolique, & qui re-
prennent comme vne dangereufe inobfer-
uation de la pratique ancienne de l'Eglife,
qu'on ait prononcé à Rome auant que d'a-
uoir affemblé vn Concile d'Euefques en
France ; ce qu'ils difent qu'on doit attribuer à l'operation fecrete de l'Efprit ennemy. Il falloit defirer, que comme ils iu-
gent qu'on doit receuoir vn Decret, quoy
qu'il viéne de l'Efprit ennemy ; de mefme ils
iugeaffent qu'il faut reietter la doctrine de
Iáfenius, quoy que diuinement infpirée. A
cela nous dirions ce petit mot d'Italie *manco
male*. Mais pour fatisfaire à cette plainte.

Premierement ie fouftiens, que s'il y a
de la faute dans cette conduite, qu'elle eft
de ceux qui ont eu recours au Pape. Car
quel crime a fait celuy à qui l'on s'eft adref-
fé ? en quoy a t'il peché de refpondre à ceux

qui l'ont inftamment interrogé? Ce font
donc les Euefques de France qui ont fait la
faute , fi cette plainte eft iufte : eux qui ont
ignoré ou mefprifé cette couftume de l'E-
glife ; eux qui ont violé vne pratique inuiolable du Saint Efprit ; eux qui fe font
laiffé furprendre aux pieges de l'Ennemy de
l'Eglife & du Perturbateur de l'Ordre Hie-
rarchique ; eux qui ont perdu la tradition
ancienne ; mal à la verité tres confiderable
& grand opprobre de la dignité Epifcopa-
le, s'il eft ainfi. Mais combien font-ils qui
ont fait cette faute ? combien d'aueugles
font tombez dans cette foffe ? Il y en a plus
de quatre-vingt qui ont foufcrit la lettre
qui demande la decifion des cinq Propofitions au Souuerain Pontife. Dieu immortel! quatre vingt Euefques de France ont
ignoré ou mefprifé la couftume de l'Eglife!
quatre vingt ont violé vne conduite infpirée de Dieu à fon Efpoufe ! quatre vingt
ont efté furpris par l'Efprit ennemy ! Ie
voudrois bien fçauoir quand on en accufe
quatre vingt, combien il y en a qui accufent ? Si l'on refpond, l'affaire eft vuidée.
Ce mal s'eft encore augmenté, apres que la
Conftitution Apoftolique a efté receüe.
Parce que tous les Euefques qui fe trouue-
rent lors à Paris (or il y en auoit trante &
vn) s'affemblerent pour deliberer de la re-
ception & publication de la Bulle. Le confentement general fut qu'il la falloit rece-

uoir, & leur auis qu'on deuoit des actions
de graces publiques au Saint Pere, & des
Lettres Circulaires à tous les Prelats de
France, pour les auertir de promulguer cette Definition. Ces Lettres furent enuoyées,
la publication de la Bulle suiuit presque
par tous les Dioceses, ce qui fait en quelque
façon vne approbation generale de tous les
Euesques de France. Et partant ce ne sont
pas seulement quatre-vingt Euesques, mais
presque tous ceux de France, qui sont cou-
pables d'auoir receu vne Constitution, qui
est emanée du Saint Siege illegitimement
& contre l'ordre Ecclesiastique. Ie demande encore icy tant de personnes estant accu-
sées, combien il y en a qui accusent? Si l'on
repond, le procez est fini, & les Criminels
absous.

Or les Iansenistes deuoient prendre garde, que non seulement ils accusoient les
Euesques de nostre Siecle, mais encore
ces anciens qui pendant les temps heroïques de l'Eglise ont posé les fondemens de
la vraye foy, & donné aux siecles auenir les
exemples de la vraye Sainteté. Iule premier
est coupable, quand il dit escriuant aux
Habitans d'Antioche, *que c'est la coustume*
d'escrire d'abord au Siege Romain des difficultez, qui naissoient dans l'Eglise. Atha-
nase est coupable, qui rapporte & qui pu-
blie ces paroles de Iule dans la seconde A-
pologie. Innocent premier est coupable,
qui

qui loüe Exupere Euefque de Thouloufe,
de ce qu'il l'auoit confulté des chofes dou-
teufes, fuiuant en cela *l'ancienne couftume.*
Exupere mefme eft coupable, Victrice
Euefque de Roüen eft coupable, Decent
d'Agubio coupable, Profper coupable;Hi-
laire coupable, qui ont porté les Caufes
indecifes au tribunal de Rome. Et qui de
tous les anciens ne fera coupable, fi les Ianfeniftes qui accufent font innocens?

Mais qui nous a impofé cette neceffité,
& où le Saint Efprit a t'il eftabli cette loy
inuiolable, que perfonne ne propofaft aucune queftion de la foy à l'Euefque de Rome, qui n'euft premierement efté agitée
dans vn Concile National ou Prouincial
d'Euefques? Cela s'eft quelquefois prati-
qué; ie ne le nie pas; & ie fouftiens que cela s'eft bien fait : mais on en a quelquefois
auffi autrement vfé, & non moins fage-
ment; puifque felon les diuers accidens,
on prend des confeils differens, & neantmoins tous bons. Or il n'y a point de raifon qui faffe vne regle d'vn exemple pluftoft que d'vn autre. Car qui peut douter,
qu'on n'ait employé de differentes condui-
tes dans la pourfuite des iugemens des controuerfes? Quand Pie Euefque de Rome, au
rapport de Baronius, preuint par fa decifion
l'erreur des Pafquatites qui celebroient la
Pafque le quatorziefme de la Lune de
Mars , & qu'il corrigea les Eglifes qui
E

Iudaiſoient , quel Concile auoit precedé ?
Quand Eleuthere eſcriuit aux Eueſques
des Gaules contre les dogmes des Montaniſtes & des Marcioniſtes ? Quand Victor
condamna Theodot le Cordonnier? Quand
Zephirin condamna pareillement Montan
& les Montaniſtes, quel Concile auoit precedé ? Quand Innocent premier ordonna
tant de choſes à Decent Eueſque d'Agubio,
à Victricius de Roüen & à Exupere de
Thoulouſe touchant le Sacrement de la
Confirmation , le Mariage , les Vœux;
les Liures Canoniques & le Celibat des
Preſtres ? Quand Celeſtin interrogé par les
deux Eueſques Proſper & Hilaire, enuoya
des Decrets de la foy à tous les Eueſques
des Gaules contre les Semipelagiens ?
Quand Leon abolit dans la Campagne,
dans les pays des Picentes & des Samnites
la couſtume qui s'eſtoit introduite d'exiger
vne Confeſſion publique des Penitens , &
qu'il enſeigna que la ſecrete ſuffiſoit, quel
Concile auoit precedé ? Quand Felix enuoya aux Eueſques aſſemblez à Orange les
Decrets de foy qu'il falloit tenir & promul-
ger contre les Semipelagiens ; quel Concile
auoit precedé ? & quelle autorité auroit le
Concile d'Orange au deſſus de celuy de
Cariſi dont les Ianſeniſtes ſe moquent, s'il
ne la tiroit de la predefinition du Siege
Apoſtolique ? ce qui fiſt qu'on douta auſſi
peu de ſes Deciſions, quoy qu'elles ne fuſ-

fent que de quinze Euefques, que des Decrets d'vn Concile vniuerfel ? Quel Concile auoit precedé, quand Leon X. condamna plufieurs des Propofitions de Luther ?
Quel ,quand pie V. & Gregoire X I I I.
cenfurerent celles de Bajus, toute l'Eglife
s'accordant à cette fentence iufques au
temps de Ianfenius ? Nous auons veu pra-
tiquer cette couftume aux premiers, moyés,
& derniers temps de l'Eglife, de recourir au
Souuerain Pontife de Rome, & de luy demander fes decifions dans les Caufes de la
foy, fans qu'on euft affemblé aucun Concile dans les Prouinces; & iamais aucun Catholique n'a reclamé, comme fi cette maniere d'agir euft efté illegitime & extraordinaire ; & nous croirons qu'on a violé
l'inuiolable couftume de la tradition Ecclefiaftique, pour ce qui fe paffa dernierement apres tant d'exemples ? Ils mettent en
auant le troifiefme Decret d'Innocent premier à Victricius Euefque de Roüen ; qui
porte : *Que s'il s'agit des grandes Caufes, qu'on
les renuoye, comme le Synode l'ordonne, apres
le iugement Epifcopal, au Siege Apoftolique.*
Mais il eft euident que cela fe dit, non qu'il
foit neceffaire que le iugement de l'Euefque precede la definition du Souuerain
Pontife ; mais parce qu'il eft neceffaire que
la Sentence Apoftolique appuye le iugement Epifcopal, fi dans ces Caufes il manque quelque fupplement de fermeté & de

E ij

certitude. Ce qui n'est pas à la definition
Apostolique auoir besoin du iugemét prea-
lable des Euesques ; mais bien au iugement
des Euesques de la decisió suiuante du Pape. Ce qu'on peut recueillir de ce mesme decret d'Innocent, où ces mots precedent : *Et
qu'il ne soit permis à personne (sans preiudice
toutefois de l'Eglise Romaine, à qui dans toutes Causes on doit le respect) de recourir à d'autres Prouinces, en laissant ses propres Prelats , qui
par la volonté de Dieu gouuernent dans la mesme Prouince.* Car que signifie cecy, sinon
quoy qu'il ne soit pas licite quittant ses
propres Prelats de recourir à d'autres Prouinces dans les contentions qui arriuent
entre les Clercs tant du dernier que du premier ordre ; qu'il est neantmoins permis de
s'adresser à l'Eglise Romaine ? Ce qui se
confirme par l'Epistre nonante & vniesme
du mesme Innocent, qu'on trouue parmy
celles de Saint Augustin, où il dit : *Ce n'est
pas par vn sentiment humain, mais diuin, qu'il
a esté resolu par les Peres, que toutes les affaires des Prouinces esloignées qui se traitteroient,
ne se finissent point, auant que d'estre commu-
niquées à ce Siege, afin qu'auec toute son autorité ce qui est iuste soit establi, & que de là
les autres Eglises le reçoiuent comme de la source
naturelle, &c.* Aioustez à cecy, ce qui se trouue dans le Concile quatriesme de Rome
sous Symmaque, où il y a en termes expres : Que l'Euesque de Rome a coustume

de donner autorité aux Decrets Syno-
daux dans tout l'Vniuers.

Et perfonne ne fçauroit raifonnablement
contredire, fi ce n'eft que nous accordions,
que l'Eglife en beaucoup de rencontres eft
abandonnée fans remede aux herefies naif-
fantes. Car que fera-t'on, fi les Princes defendent (ce qui eft quelquefois arriué)
qu'il ne s'affemble aucun Concile dans
leurs Eftats? Que fera ce fi les Euefques re-
fufent de s'affembler, ce qu'on a pareillement veu? Que fera-ce quand l'affemblée
fera faite, fi la plus grande partie, mais non
pas la plus faine iuge qu'il ne faille rien
decider, mais qu'on doiue laiffer ce qui eft
en doute à la difpute des Sçauans? Et ceux
qui penfent que plus de quatre vingt Euefques ont failli en renuoyant vne caufe de
la foy fans difcuffion au Pape, ne peuuent
ilscraindre, que neuf ou dix qui fe trou-
ueront au Concile Prouincial, fe trompent
plus facilement, quand ce qui eft perilleux
femblera affeuré à la plus grande partie;
& partant qu'il ne le faut pas propofer au
Pape? Combien ont autrefois efté nom-
breux les Conciles des Euefques Ariens?
Combien efpais & remplis ceux des Donatiftes? Saint Auguftin nous apprend, qu'on
ne les contoit que par Centuries. Et qu'ar-
riueroit-il, fi le Ianfenifme fe multiplioit
quelque part, où l'on ne puft affembler vn
Concile qui ne fuft pour la plufpart que de

Ianfeniftes ? Accordons par exemple, que
ce que les Ianfeniftes ont fauffement dit
dans la feconde Apologie de Ianfenius, foit
au moins poffible ; *que la meilleure & la
plus grande partie des Euefques de France* font
du parti de Ianfenius. Menfonge impu-
dent & qui eft iniurieux à tant d'illuftres
Prelats. Accordons pourtant, que ce qu'ils
affeurent auoir efté, foit poffible. Pour
que le Pape decide equitablement cette
controuerfe, fera-t'il neceffaire qu'elle
foit premierement agitée dans vn Concile
par quelques Euefques de France, comme nos Aduerfaires le pretendent ? Que
conclura-t'on dans ce Concile, où la plus
grande partie portera Ianfenius ; & quand
elle aura prononcé en fa faueur, que fera le
Vicaire de Iefus-Chrift ? Faudra-t'il qu'il
confirme ce qui aura efté defini par eux?
A t'il deu auffi approuuer ce qui s'eftoit
autrefois paffé dans vn femblable Concile de Donatiftes, d'Ariens, de Nouatiens
& de femblables ? c'eft à dire deura-t'il errer ? ou bien pourra-t'il contredire? Que
les Ianfeniftes me difent maintenant, fi celuy qui peut definir les difficultez de la
foy, les Euefques y faifans oppofition,
ne le pourra pas, eux demeurans dans le
filence, & bien plus le demandans auec in-
ftance ? Qui eft le plus important & le plus
difficile, de fuggerer les articles de foy à
ceux qui les attendent, ou de les prefcri-

re à ceux qui reſiſtent ? A quoy diſ-je y a
t'il plus de peine d'ordonner à ceux qui ne
font point d'oppoſition, ou à ceux qui ont
des ſentimens & des intereſts contraires ?
Et ſi le Souuerain Pontife peut ce dernier,
ne pourra t'il le premier ?

Ie ſçay que les Loix de la prudence ne
permettent pas, que le Saint Pere pronon
cē ſur les controuerſes de la foy, qu'on
n'en ait fait vn ſerieux & diligent examen;
ie ſçay auſſi que le Saint Eſprit qui gou-
uerne ce Chef viſible de l'Egliſe, ne ſouf-
frira iamais qu'il manque à ce deuoir.
Mais autant qu'il eſt certain qu'on a quelquefois obſerué cette conduite en preſence
des Eueſques dans les Prouinces, où ces
queſtions commencoient; autant eſt il indubitable que cette conſultatió par fois n'a
eſté faite qu'a Rome entre les Eueſques
& les Docteurs. Et cecy ayant eſté prati-
qué plus que ſuffiſamment en cette Cauſe,
les Ianſeniſtes ont tort de ſe plaindre.
Mais ie voy ce qu'ils pretendoient, ſi ces
Queſtions ſe fuſſent agitées dans vn Concile particulier. Ils auoient deſia l'experience
de ce que leurs artifices, leurs aſſiſtances,
leurs forces & leur audace auoient pu;
quand on fiſt il y a quelques années cette
conference des Docteurs de Sorbonne, pour
iuger les cinq Propoſitions. Car comme
l'on eſtoit ſur le point de les condamner, ils
troublerent tellement l'aſſemblée par leurs

tumultes, ils criaillerent tant, ils firent tant
de bruit & d'incidens hors de propos, qu'il
fut impoſſible de rien propoſer ni definir des
choſes qui les auoient aſſemblez. Ils ne
manquoient pas de raiſons qui les faiſoient
attendre quelque choſe de pareil, ſi cette
controuerſe euſt eſté propoſée dans quelque Concile de peu d'Eueſques. Et ce qui
les faſche, c'eſt qu'on en ait cherché vn
iugement à Rome, qui ne pouuoit eſtre
diuerti ni corrompu ni par faction, inter-
ceſſion, protections, ni amitiez.

---

*Examen de la troiſieſme Colomne des
Ianſeniſtes.*

CHAPITRE VII.

LE s Ianſeniſtes dreſſent vne troiſieſme
Colomne de la Doctrine, qu'ils diſent
eſtre celle de Molina & de leurs Aduerſaires; Colomne qui eſt oppoſée tant à la Premiere où le ſens heretique eſt exprimé, qu'à
la Seconde, qui contient le ſens controuerſé qu'ils penſent eſtre le Catholique. Et ils
concluent que la doctrine de cette Colomne eſt Pelagienne ou Semipelagienne; comme ayant eſté condamnée à Rome dans la
Congregation des Aydes ſous Clement
VIII. & Paul V. Auant que de refuter cecy, ie diray ce qui m'eſt arriué. Il m'eſt

tombé entre les mains vn Efcrit d'vn certain Iurifconfulte, dont i'ay parlé cy deffus, datté du quatriefme de Iuillet ; lequel fuppofant que ces trois Colomnes contiennent trois diuers fens des Propofitions condamnées, il raifonne de la forte : Le Pape n'a pas condamné les Propofitions au premier fens qui eft l'heretique, par ce que cela femble fuperflu ; ni dans le fecond, qui eft à fon auis le Catholique ; il conclud donc qu'elles ont efté condamnées dans le troifiefme fens, qui eft de Molina & des Peres Iefuites. Et ainfi il fe perfuade & veut perfuader aux autres, que les feuls Iefuites ont efté condamnez dans la Conftitution d'Innocent. De ma vie ie n'ay veu vn argument plus fallot. Car ce troifiefme fens n'eft pas le fens de la propofition, & n'a pas efté mis comme tel dans cette Colomne, mais c'eft vn fens contraire à la propofition. Comparez ces deux Enonciations.

Premiere Propofition condamnée.	*Propofition contraire à la premiere.*
Quelques commandemens de Dieu font impoffibles aux hommes iuftes voulans & s'efforçans felon les forces prefentes qu'ils	Tous les commandemens de Dieu font poffibles aux Iuftes voulans & s'efforçans, felon les forces prefentes qu'ils

ont ; & la grace qui les rendroit possibles manque.

ont , par la grace soumise à leur franc arbitre, & iamais la grace qui les rend possibles prochainement necessaire, ne leur manque pour agir , ou du moins pour prier.

Considere Lecteur , quelle ignorance c'est de croire, que la seconde proposition soit condamnée dans la premiere , ou ce qui est la mesme chose, que la premiere soit condamnée au sens de la seconde : & fais misericorde à ce pauure Droitier , s'il ne sçait pas mieux les Loix du Code que les regles de la Dialectique. Pour ce que l'Architecte de ces Colomnes asseure , que la doctrine de la Compagnie est marquée dans cette troisiesme colomne ; il impose en ce qu'il soustient, que nous disons, que les Commandemens sont possibles par la grace *soumise au franc-arbitre.* Ce n'est pas nostre façon de parler. Que si par ces mots il ne pretend autre chose , sinon que la grace qui rend le commandement possible est telle, que le franc-arbitre luy puisse obeir ou resister , ie consens qu'il parle ainsi. Mais s'il continue de nommer cette doctrine ainsi expliquée, Pelagienne & Semipelagienne, qu'il sçache qu'il fait, ce que Caluin a fait

auant luy ; c'eft à dire qu'il appelle les Thomiftes , les Scotiftes, Iefuites, Nominaux,
Reels , Sorboniftes, les Docteurs de Lou-
uain & de Salamanque & toute forte de
Scholaftiques, Pelagiens & Semipelagiens.
Qu'il fçache auffi , quand il aioufte que
cette doctrine a efté *condamnée dans la Con-*
gregation des Aydes fous Clement V I I I.
& Paul V. il aioufte vn horrible menfonge. Tant parce qu'il fuiuroit, que les Iefuites, les Thomiftes & le refte des Scholaftiques auroient efté condamnez ; que parce
que nous auons fouuent fait voir , que rien
n'a efté decidé dans cette Congregation.
Il defcouure encore mieux fon ignorance
dans la feconde propofition.

Seconde Propofi- tion condam- née.	*Propofition contraire à* *la Seconde.*
Iamais on ne refi- *fte à la grace interieu-* *re dans l'eftat de la* *Nature corrompüe.*	On refifte quelque fois dans l eftat de la Nature corrompuë à la grace de Iefus- Chrift, neceffaire à tous les actes d'ope- ration ou du moins de priere ; c'eft à dire que par fois elle n'a pas l'effect pour le- quel elle eft pro-

chainement donnée.

Noſtre Faiſeur de Colomnes eſt preſt de montrer que cètte ſeconde propoſition contraire à la condamnée eſt Semipelagienne ou Pelagienne, en ce qu'elle deſtruit la force & l'efficace de la grace de Ieſus-Chriſt neceſſaire à tous actes : & il maintient que cela eſt ainſi declaré dans la Congregation des Aydes. Bagatelles ; cette propoſition ne ruine pas la force & l'efficace de la grace, mais elle eſtablit la diſtinction de l'efficace & de la ſuffiſante, à laquelle on reſiſte tous les iours ; & il eſt neceſſaire que les Thomiſtes qui reconnoiſſent cette grace ſuffiſante ſoient condamnez de Pelagianiſme ou de Semipelagianiſme. Conſiderons la troiſieſme.

Troiſieſme Propoſition condamnée,	Propoſition contraire à la troiſieſme.
Pour meriter & demeriter dans l'Eſtat de la Nature corrompüe, la liberté exempte de neceſſité n'eſt pas requiſe, mais la liberté de contrainte ſuffit.	Pour meriter & demeriter dans l'Eſtat de la Nature corrompüe, la liberté de la neceſſité que nous appellons d'infallibilité, eſt requiſe : ou l'indifferance prochaine d'agir ou de ne pas agir eſt ne-

ceffaire, par laquel-
le la volonté prepa-
rée de tout pour a-
gir, fe porte à fon
gré tantoft à vn par-
ti, tantoft à vn au-
tre.

Il promet auffi en cet endroit de montrer, que cette feconde propofition contraire à la condamnée, eft Pelagienne ou Semipelagienne; & que cela eft declaré dans la
Congregation des Aydes; parce qu'elle de-
ftruit le pouuoir de la grace efficace. Mais
il ne faut pas attendre de luy qu'il defcouure autre chofe que fon ignorance, fon erreur & mefme fon artifice. Car quand il
dit, que *la liberté exempte de la neceffué
d'infallibilité eft requife*, il dreffe vn piege,
mais aux aigles qui ont des yeux & des aif-
les. Car nous ne nions pas quelque neceffité d'infallibilité; comme celle qui vient
de la prefcience des euenemens futurs &
de la predefinition des mouuemens pre-
neus; nous nions feulement celle qui naift
de l'ineuitabilité, immutabilité ou de quelqu'autre nom qu'on l'appelle, pourueu
qu'elle fuppofe vne pleine connoiffance. Ie
m'explique plus nettement; nous deman-
dons vne franchife de toute neceffité, qui
foit telle & fi grande, qu'elle empefche le
pouuoir prochain de ne pas refifter. Si ce-

la eft Pelagien ou Semipelagien , & condamné dans la Congregation des Aydes à Rome ; cette Congregation a condamné les Thomiftes auec les autres Scholaftiques comme Pelagiens & Semipelagiens. Et il faut remarquer foigneufement , qu'il dit que la puiffance prochaine d'agir & de ne pas agir appartient à l'indifference Pelagi nne ou Semipelagienne. Car il fait clairement connoiftre par là, qu'il ne la tient pas prochaine à l'vn & à l'autre dans l'eftat de la Nature corrompüe ; mais que fi elle eft prochaine pour agir , elle n'eft qu'efloignée pour ne pas agir ; & fi elle eft prochaine pour ne pas agir , qu'elle eft feulement efloignée pour agir. Sorte d'indifference qui eft toute Ianfenienne, mais auffi toute Caluine , & toufiours reiettée des Thomiftes dans la defenfe de leur predetermination phyfique. Ainfi le veut Aluares , quand il dit que la diftinction *du fens compofé & diuifé* ainfi entendüe, eft vne inuention de Caluin. Dans le 2. de fes refponces chapitre 1. nombre 34. & au chap. 4. nombre 9. il fouftient qu'on ruine ainfi le franc-arbitre. Suit la quatriefme propofition.

Quatriefme Propofition condamnée.	*Propofition contraire à la quatriefme.*
Les Semipelagieus admettoient la neceffité	Les Semipelagiens n'admettoient point

<table>
<tr><td>

de la grace interieure preuenante pour tous les actes, mesme pour le commencement de la foy. Et ils estoient Heretiques, en ce qu'ils vouloient que cette grace fust telle, que la volonté humaine luy pust obeyr ou resister.

</td><td>

la necessité de la grace interieure preuenante pour tous les actes imparfaits ni pour le commencement de la foy : & ils n'estoient pas heretiques en ce qu'ils vouloient que cette grace fust telle, qu'elle ne fust pas efficace par elle mesme.

</td></tr>
</table>

L'Ouurier de ces Colomnes souftient & est prest de faire voir que la seconde Proposition contraire à la quatriesme condamnée, est Pelagienne ou Semipelagienne, en ce qu'elle destruit la foy Catholique de la grace efficace, & ensemble toute l'autorité de saint Augustin. Et il proteste que cela fut declaré à Rome en la Congregation des Aydes. Mais il continue de faire de la fumée, & de cacher la verité qui le conuaint dans les tenebres des paroles ambiguës. Car quant à ce qu'il dit, que les Semipelagiens ne furent pas crus heretiques, parce qu'ils vouloient que cette grace ne fust pas efficace par elle mesme : nous ne le nions ni ne l'asseurons. Nous disons seulement qu'ils ne furent pas heretiques pour mettre cette grace de telle sorte efficace, qu'elle laissast dans le franc arbitre vne

puiſſance prochaine & toute libre de reſiſter ; comme les Ianſeniſtes font. Et ſi cela
eſt Pelagien ou Semipelagien, s'il eſt contraire à Saint Auguſtin, ſi condamné dans
la Congregation des Aydes, tous les Diſciples de Saint Thomas auec le reſte des
Scholaſtiques ſont Pelagiens ou Semipelagiens, & meſme condamnez dans la
Congregation des Aydes comme Deſtru-
cteurs de l'autorité de Saint Auguſtin. Voicy la cinquieſme Propoſition.

Cinquieſme Propo-ſition condamnée.	Propoſition contraire à la cinquieſme.
C'eſt eſtre ſemipe-lagien de dire, que le ſauueur ſoit mort ge-neralement pour tous les hommes, ou qu'il ait reſpandu ſon ſang pour tous.	Ce n'eſt pas eſtre Semipelagien, mais Catholique, de dire que Ieſus-Chriſt par ſa mort a communi-qué à tous les hom-mes (nul excepté) la grace prochaine-mét neceſſaire pour agir, ou pour le moins pour com-mencer ou pour prier.

Ce braue Champion eſt preſt de ſouſte-
nir, & de montrer, que cette ſeconde propoſition contraire à la cinquieſme condamnée,

née, & qui eft de Molina & des Aduerfaires, contient vne doctrine repugnante au
Concile de Trente & qu'elle eft Pelagienne ou Semipelagienne, en ce qu'elle ruine la
neceffité de la grace par elle mefme efficace. Et qu'il eft ainfi declaré dans la Congregation des Aydes. Mais il pourfuit d'im-
pofer & de mentir : car ni Molina ni pas
vn de fa Compagnie n'a iamais dit ; que la
grace prochainement neceffaire pour agir,
ou du moins pour commencer & prier, ait
efté communiquée aux enfans reprouuez.
Ils difent feulement qu'elle a efté communiquée à plufieurs Adultes, qui ne s'en
feruent pas ; qu'elle auroit efté donnée à
d'autres, s'il ne fuft furuenu de leur part
vn empefchement volontaire. Enfin ils difent que la penfée que Ianfenius impofe à
Saint Auguftin eft abominable, fçauoir que
le Redempteur a auffi peu penfé au falut
eternel de ceux qui font appellez à la foy &
mefme à la iuftification, qui viuent quelque temps en grace, mais qui fuccombent
enfin à la tentation & qui fe damnent,
qu'il a penfé au falut du Diable. Si c'eft
eftre Pelagien ou Semipelagien, fi c'eft eftre
condamné dans la Congregation de Rome, fi c'eft s'oppofer au Concile de Trente
de parler ainfi, les Thomiftes font condamnez auec les autres Theologiens par
le Concile de Trente de Pelagianifme ou
de Semipelagianifme. Il faut lire l'Ouura-

ge intitulé : *Ianfenius condamné par les Tho-*
miftes Defenfeurs de la grace efficace par elle
mefme. Il eſt euident de ſa lecture, que ce
Braue qui ne parle que de demonſtrations, a
dreſſé ſes traits contre les Thomiſtes, quãd
il a cru les lancer contre les Ieſuites. Il luy
euſt eſté plus à propos de ſe faire Fluſteur
ou Ioueur de Cymbales, que de prendre
le perſonnage d'vn Faiſeur de Colomnes
ou d'vn Menuſier.

Difpofition naturelle des Colomnes pour repre-
fenter la doctrine des Ianfeniftes, & bien
entendre la force de la Cenfure du Sou-
uerain Pontife.

CHAPITRE VIII.

IL appert de tout ce diſcours, que les
Colomnes des Ianſeniſtes ſont des Colomnes de menſonge diſpoſées pour ſur-
prendre les yeux des Imprudens. Si le Lecteur deſire vne naïue expreſſion de ce
que les Ianſeniſtes taſchent de déguiſer &
d'enuelopper, qu'il regarde les pages ſuiuantes.

I. Propoſition condamnée.

Quelques commandemens de Dieu ſont im-
poſſibles aux hommes iuſtes veulans & s'effor-
çans ſelon les forces preſentes qu'ils ont ; & la
grace qui les rendroit poſſibles manque.

Sens eſtran-ger.	Sens propre & naturel.	Propoſition contraire.
Les hom-mes iuſtes lors meſme qu'ils operĕt par la grace de Dieu, pe-chent pour-tant en toute bonne œu-ure. *Ce ſens eſt de Caluin , que pas vn Catho-lique n'impu-te à Ianſenius ni à ſes Diſ-ciples ou à la propoſition cõ-damnée : c'eſt pourquoy ridi-culement &*	Autant de fois que les hommes iu-ſtesmanquĕt aux commã demens, ils y mãquent par l'impuiſſan-ce de les gar-der, impuiſ-ſance qui vient du de-faut de la grace neceſ-ſaire pour e-ſtablir le pou uoir de les accomplir : quoy que la volonté & l'effort ne	Iamais les hommes iu-ſtes ne tom-bent , qu'ils ne puiſſét ſe tenir debout s'ils veulent, & ils peu-uent touſ-jours le ou-loir , parce que la grace, qui eſt neceſ-ſaire pour pouuoir ou immediate-ment garder le precepte, ou prier cõ-me il faut pour impo-

hors de propos l'Auteur des Colomnes le met icy en a-uant.	manquent pas. *Ce sens est de Ianse-nius est hereti-que.*	trer ce qui mãque, n'est iamais sou-straite. *Voi-la la doctrine de l'Eglise.*

II. Proposition condamnée.

Iamais on ne resiste à la grace interieure dans l'estat de la Nature corrompüe.

Sens estran-ger.	Sens propre & naturel.	Proposition contraire.
La volonté est purement passiue à l'es-gard de la grace effica-ce, & com-me vn tronc immobile el-le ne fait rié. Ou bien. On ne resiste ia-mais à cer-taine illu-stration de l'entédemét & à certain	La grace interieure & actuelle de Iesus-Christ a tousiours tout l'effect dont elle est capable, & que Dieu veut qu'elle ait. *C'est le sens de Ianfenius & de ses Dis-*	Il arriue souuent par la faute de la volonté, hu-maine, que l'actuelle & l'interieure grace de Ie-sus-Christ, qui acheue la prochaine puissance de bien agir, est tout à fait priuée de l'effect dont

attrait de la volonté, qui n'eft pas vne grace de Iefus-Chrift. Ou bien: Iamais on ne fufpend ou retiét vn pl° gräd & plus auancé effect à l'approche d'vne grace mediocre & mefurée à vn petit effect.

Le premier fens eft heretique, les autres ridicules; & perfonne n'a iamais pretendu de les donner à la propofition condamnée.

ciples qui eft heretique.

elle eft capable, ou ne la pas auffi parfait, qu'il pourroit eftre.

C'eft le fentiment de tous les Fideles.

III. Propoſition condamnée.

Pour meriter & demeriter en l'eſtat de la Na-
ture corrompüe l'homme n'a pas beſoin d'vne
liberté exempte de neceſſité , il ſuffit qu'elle ſoit
ſans contrainte.

Sens eſtran-ger.	Sens propre & naturel.	Propoſition contraire.
Pour meriter & deme-riter en l'e-ſtat de la Nature cor-rompuë, on ne demande pas dás l'hô-me vne li-berté exem-pte de la ne-ceſſité natu-relle , tel-le qu'elle eſt dás les mou-uemens in-deliberez & dás ceux des enfans , des foux & des phrenetiques	Pour meri-ter & deme-riter dás l'e-ſtat de la Na-ture corrom-püe , on ne demande pas dans l'hom-me vne li-berté exem-pte d'aucune neceſſité qui cõpatiſſe a-uec le iuge-ment de la raiſon, mais la liberté de coaction ſuf-fit , par la-quelle la vo-lonté ne de-	Pour meri-ter & deme-riter dás l'e-ſtat de laNa-ture corrom-püe, il faut vne liberté exempte de toute neceſ-ſité qui oſte le pouuoir prochain & tout preſt d'agir & de ne pas agir ; ou qui deter-mine telle-ment la vo-lonté à l'vn des oppoſez, qu'il ne luy

&c. Mais la liberté de coactiő fuffit.

Ce fens eft de vrai hereti-que, mais il ne refpond pas iuftement à la propofitiő cődamnée & ne luy eft attri-bué d'aucun.

meure puif-fante qu'à vne partie de la contradi-&ion ; ou prochaine-ment à vne, & de loin feulement à l'autre.

Ce fens eft Ianfenifte & heretique, ia-dis & mainte-nant condam-né par l'Egli-fe.

refte pas vne force physi-que prochai-ne & toute prefte à l'au-tre.

Les Iefui-tes conniennēt dans ce fenti-ment auec les Thomiftes & le refte de Do-&eurs Catho-liques.

I V. Propofition condamnée.

Les semipelagiens admettoient la neceffité de la grace interieure preuenante à tous les a&es, mefme au commencement de la foy : & ils e-ftoient heretiques en ce qu'ils vouloient que cet-te grace fuft telle, que la volonté humaine luy puft obeïr ou refifter.

Sens eftran-ger.	Sens propre & naturel.	Propofition contraire.
La grace interieure &	La grace de de Chrift in-	La grace du Chrift in-

preuenáte de Iesus-Christ est telle, que le franc-arbitre esmeu & excité d'elle ne peut luy resister, quoy qu'il le puisse vouloir. Les Semipelagiens pensent le contraire.

Ce sens est ridicule & cõtient vne contradiction, & si l'on ne le conçoit ainsi, il est tres-approchant du Ianseniste, que la seconde colomne exprime.

terieure & preuenáte est telle, que le franc arbirre esmu & excité par elle, ne peut vouloir resister. Et il y a des Semipelagiés qui la nient telle, quoy qu'ils en recónoissent la necessité.

Ce sens est de Iansenius & heretique autrefois condãné par le Concile de Trente & dernierement par le saint Siege.

terieure & preuenáte est telle, que le franc arbitre esmu & excité d'elle peut vouloir resister d'vne puissãce prochaine & acheuée. Et les Semipelagiens n'ont pas esté heretiques, pour auoir eu ce sentiment.

Voila la doctrine generale de toute la Theologie, establie au Concile de Trente & par la Constitution d'Innocent X.

V. Propofition condamnée.

C'eft vne erreur Semipelagienne de dire , que le Sauueur eft mort generalement, ou qu'il ait répandu fon fang pour tous les hommes.

Sens eftran-ger.	*Sens propre & naturel.*	*Propofition contraire.*
Iefus-Chrift eft tellement mort pour les feuls Predeftinez, qu'eux feuls reçoiuent la vraye foy. Et le contraire eft Semipela-gien.	Iefus-Chrift eft tellement mort pour les feuls Pre-deftinez qu'il a auffi peu penfé du fa-lut eternel d'aucun Re-prouué que du falut du Diable. Le contraire eft Semipela-gien.	Ce n'eft pas vne erreur des Semipe-lagiés de di-re que I. Chrift eft tellement mort pour tous , qu'il ait preparé des moyens fuffifás pour tous au fa-lut, à cha-cun felon fó eftat. Or di-re qu'il ne foit mort pour le fa-lut eternel d'aucun Re-prouué c'eft
Ce fens eft heretique & que perfonne ne donne pour-tant à la pro-pofition con-damnée,	*Ce fens eft de Iãfenius & heretique , ia-dis condam-né au Concile de Trente & depuis peu*	

par Innocent   heresie.
X.   C'est la do-
                         ctrine receüe
                         d'vn commun
                         consentement
                         par les Iesui-
                         tes, les Disci-
                         ples de Saint
                         Thomas &
                         tous les autres
                         Theologiens.

Voila la vraye & naïue expression du sens *Estranger, Propre & Opposé* des cinq Propositions, que les Ianseniftes tafchent de renuerfer & de confondre ; de peur qu'on ne connoiffe leur erreur, & que l'efclat de la verité ne paroiffe. Mais afin qu'il ne refte aucun pretexte à la contumace, aucune ombre de raifon contre le decret du Siege Apoftolique, aucune excufe du mefpris outrageux des decifions Ecclefiaftiques, aucun moyen d'éuiter le iugement public de tous les Catholiques qui les blafment: Vous auez mon cher Lecteur, dequoy defcouurir leurs artifices & leurs fineffes, dequoy éuiter leurs tromperies, leur defirer vne ame docile, & demander pour eux à Dieu vn amour fincere & humble de la Verité.

AVX

IANSENISTES.

I'ACHEVOIS *cette petite tradu-
Ction, quand on m'a fait voir vn Liure imprimé à Groningue , qui porte ce
titre.* Derniere Apologie de Samuel
Marese, pour Auguſtin, Ianſene &
les Ianſeniſtes, contre le Pape & les
Ieſuites. *Ou bien* : Examen Theolo-
gique de la Conſtitution d'Innocent
X. P. R. diuiſé en trois parties ; par
laquelle cinq Propoſitions en matiere de Foy ſont declarées & defi-
nies en faueur des Ieſuites & des
Pelagiens , contre les Diſciples
d'Auguſtin & de Ianſene, &c. *I'ay
bien voulu vous donner auis de ce bel
Ouurage, afin que vous apprenniez, qui
ſont vos Alliez ; & de qui vous deuez
attendre protection. I'oſe pourtant me
promettre, que s'il vous reſte quelque
reſpect pour l'Egliſe, que vous aurez
en horreur vn ſi ſacrilege attentat ; &*

que vous n'aurez garde de vouloir combattre auec des armes excommuniées.
Vous auez iuſques à cette heure excuſé
le Saint Pere, & vous auez cru luy deuoir le pardon d'vne fnute, qu'il n'a
faite que par imprudence & par ſurpri-
ſe. Qui pourroit reſiſter aux artifices
& aux treſors des Ieſuites, qui dans
cette occaſion ſont venus des extremi-
tez de la Chine (cõme vous le publiez)
pour tromper & pour corrompre Rome?
Demeurez en là Meſſieurs, & n'aiou-
ſtez pas la malice à l'erreur : nous
attendons d'autres ſentimens de
vous & du Port Royal, que de Hol-
lande. Mais s'il arriuoit pour dernier
aueuglement, que vous tombaſsiez dans
vne ſi criminelle inobſeruation ; que de
traiter le Pere des Fideles de Pelagien,
il eſt bon que vous ſçachiez, qu'il n'y
a pas vn Catholique en France, meſme
parmy ceux que vos Enlumineures ont
fait rire, qui ne ſe ſouleuaſt contre vous,
& qui n'appellaſt à la vangeance de voſtre impieté le ſecours de ce bras, qu i
iuſques à maintenant vous a faits ſa-
ges. Perſonne ne vous deſire cette contrainte : mais ſi elle vous eſtoit neceſ-

faire, elle vous deuroit eftre agreable ;
puis qu'il vaut mieux vous empefcher
la voix, que de vous permettre de dire
des blafphemes. Que s'il vous refte
quelque piece, que vous n'ayez pas pro-
duite ; produifez la en gens d'honneur
& de probité, dont vous vous flattez fi
hautement dans vos Libelles. Paroiffez
en Demons du Midy, foyez au moins
hardis, fi vous n'eftes vaillans ; ne venez
pas en cachette comme des Lutins & des
Ombres de la nuict. Vos aduerfaires iront
à vous auec des armes luifantes ; dés
l'entrée du combat ils vous diront ce
qu'ils font : imitez leur franchife, paroiffez publiquement, & honorez vos
Oeuures de vos noms & de vos titres.
Ils vous affeurent que vous ne deuez
pas craindre vne iniure de leur part ;
& mefme ils vous proteftent, qu'ils re-
tiendront de tout leur pouuoir ce zele
iufte & ardent, que le voftre noir &
bruflant infpire à quelques-vns de leurs
Amys. Ils ne pretendent ni voftre confufion ni voftre ruine, ils ne defirent
que voftre repentir : auffi-toft que vous

ferez Catholiques, Apoftoliques & Romains, ils feront vos Partifans, ils feront vos Seruiteurs.

LA DEROVTE
ET CONFVSION DES
IANSSENISTES

la Religion
le Pape
l'Eglise

LE PAPE
Puis que du St Esprit l'Eglise Illuminée
D'une fausse doctrine accuse les autheurs
Par la puissance enfin q Dieu no'a donné
Nous Condamno leurs sect et telle Escriture

LE ROY
Poussé par la Concorde amour, d'un Dieu Zelé
Qui maintient nos Sujets dans l'esprit d'union
Prestons pa abollir une Erreur Criminelle
Le bras de la justice a la Religion.

LES IANSSENISTES
Ha que deviendrons no'malheu'Iansenistes
Il faut a nos Erreurs renoncer a la fin,
Ou no'jointro' au party des doct Calvinistes
Car le n'e aussi bientot beaucoup de Calvin

LES
MYSTERES
ABREGEZ DE LA GRACE
de Noſtre Seigneur
JESUS-CHRIST;
ET DE LA MORALE
Chrétienne.

L A raiſon eût reglé toutes tes actions,
Si tu n'eſtois déchû de l'eſtat d'innocence;
Mais maintenant ſoûmiſe à la concupiſcence
Elle court inſensée aprés tes paſſions.

Lors que la Charité regnera dans ton cœur
Ta raiſon reprendra ſa liberté premiere;
La grace en te donnant la force & la lumiere,
D'eſclave du peché te rendra ſon vainqueur.

A

Dieu fait par un effort digne de son pouvoir
Que sans necessité tu concours à ses graces ;
Il opere dans toy ce qu'il veut que tu fasses ,
Et tu veux librement ce qu'il te fait vouloir.

Il dispose de tout selon sa volonté ,
En tout il fait agir sa supreme sagesse ;
Il sauve qui le suit , il damne qui le laisse ;
Celuy-cy par justice , & l'autre par bonté.

La seule Charité sert de marque au Chrestien ,
Et le fait discerner d'avecque l'Infidelle ;
Celuy qui peut l'avoir possede tout en elle ,
Et quoy qu'il ait sans elle, il ne possede rien.

Quand on dit que tout homme en tout temps, en tout lieu
Peut entrer dans le Ciel , entens de quelle sorte ;
Il le peut par la foy , puis qu'elle en est la porte ;
Mais on ne l'acquiert pas , elle est un don de Dieu.

Dieu juste punira d'un supplice eternel.
Celuy qui semble sage , & qui meurt infidelle ;
Son ignorance suit sa coulpe originelle ,
Et loin de l'excuser , le rend plus criminel.

Depuis que Dieu fait homme a souffert le trepas,
C'est en luy seulement que les hommes renaissent ;
Il connoit ses brebis, ses brebis le connoissent,
Et celuy là n'en est point, qui ne le connoit pas.

En vain il est instruit, si son cœur n'est touché ;
Les secours de dehors ne luy feront rien faire ;
Tout esclave, qu'il est, sa chûte est volontaire ;
Par impuissance il péche en peine du peché.

Quand il plait au seigneur l'appeller à la foy,
Il luy donne une grace aux saints fonts du Baptême,
Qui de luy dedans luy fait un autre luy même,
Pour connétre, vouloir, & parfaire la Loy.

La Grace du seigneur qu'il trouve dedans l'eau
En brisant ses liens luy rend son innocence,
Laissant pour l'exercer cette concupiscence,
Qui vit, mais sans regner, dans un homme nouveau.

Mets toûjours en Dieu seul ta gloire & ton appuy,
En tout pour le salut sa grace est necessaire ;
C'est luy qui fait penser, & vouloir, & parfaire ;
Tu ne peus rien en toy, tu pourras tout en luy.

A ij

Il est bon quelque-fois que tu ne puisses rien,
Lors méme que tu sens plus d'ardeur à bien faire ;
Dieu trouve en t'abaissant les moyens de se plaire,
Et ta confusion fait sa gloire & ton bien.

Quand Dieu te fait vouloir, ton cœur est emporté
Par des attraits si doux que tu le suis sans peine ;
Il est vraiment ton centre ; & ta grace est la chaine
Qui t'elevant dans luy te met en liberté.

Tout ce qui n'est point Dieu, ne te doit point charmer;
Il faut pour l'acquerir mespriser toute chose ;
Pour l'objet de ton cœur luy méme se propose,
Et te donne en t'aimant le pouvoir de l'aimer.

Cet amour atteignant de l'un à l'autre bout
Avec force & douceur renverse la nature;
Il humilie un Dieu jûqu'à la creature,
Et porte le neant jûqu'à s'unir au Tout.

L'interest du seigneur est preferable au tien,
Cherche par tout sa gloire au mépris de la tienne ;
Il fait la volonté de ceux qui font la sienne,
Il confond les esprits qui s'opposent au sien.

Tout estat est commode à qui sert humblement ;
Ne trouble point ton cœur de ce qui te peut nuire ;
Reprime tes desirs & laisse toy conduire ,
Pourveu que tu sois saint , que t'importe comment ?

Pour te frayer au Ciel un chemin assuré,
Dépoüille toy de haine & pardonne l'injure :
Dieu se regle sur toy ; de la méme mesure
Que tu mesureras , tu seras mesuré.

Crains justement ton Dieu quand tu l'as irrité ;
Parce qu'injustement tu l'as mis en colere ;
Crains sa juste fureur , mais en craignant espere ,
Et change par l'espoir ta crainte en Charité.

C'est peu si tu n'agis que par crainte & par foy ,
Si comme un dernier bien tu te cherches toy mesme ,
Si tu crains le tourment comme ton mal extreme ,
Le plus grand des demons croit & craint comme toy.

Dieu grave avec des traits qu'on ne peut effacer
La loy de son amour dans le fonds de ton estre :
Luy mesme de l'aimer & de le reconnétre ,
S'il ne t'aneantit , ne te peut dispenser.

Les saints ont dans le Ciel cette necessité,
Plus ils connoissent Dieu, plus l'amour les engage,
Et cet amour en eux ne peut estre esclavage,
Mais source de leur joye & de leur liberté.

❧

Les damnez sont soumis à ce méme devoir,
Chacun d'eux le ressent empreint dans sans essence ;
Mais la haine qu'ils ont jointe à leur impuissance
Les rend plus malheureux, & fait leur desespoir.

❧

Choisis donc aujourd'huy ton establissement,
De ce que tu voudras ta mort sera suivie ;
Mais commance en la terre, & fais durant ta vie
Ce que tu dois au Ciel faire eternellement.

A LYON,

Chez JEAN CERTE, ruë Merciere,
à la Trinité.

M. DC. LXXVI.